ION — ÉDUCATION — ÉMANCIPATION

Historique
Rôle & But
Œuvre accomplie

UNION CENTRALE
DES
Travailleurs Métallurgistes
DE MONTLUÇON

SIÈGE SOCIAL :

Edifice Communal

Prix : 0,20 centimes

BOURGES

Imprimerie Ouvrière du Centre

38, Rue Bourbonnoux, 38

1904

AVANT-PROPOS

Ce modeste opuscule est dédié aux travaileurs métallurgistes de Montluçon.

C'est aux camarades syndiqués ou non, mais hommes sincères, de lire attentivement ces pages écrites avec le seul désir de leur être utile et de contribuer à leur éducation sociale, de leur exposer nettement ce qu'est et doit être une chambre syndicale et de leur enlever toute fausse idée qu'un grand nombre se font des organisations corporatives et de l'action économique.

Chacun, ici-bas, a une immense part de souffrances personnelles, accrue par le contact permanent des misères des autres. C'est donc faire une œuvre humanitaire que d'en tenter l'atténuation.

Collaborer aux efforts combinés en vue d'amoindrir et améliorer la mauvaise situation faite aux esclaves d'un régime inhumain, est une noble tâche à accomplir.

Répandre l'idée, tracer la voie et gagner le plus d'étapes possible dans le domaine des actes et des faits qui doivent faire disparaître l'exploitatiou contre la nature des êtres, et que nous subissons tant au point de vue moral que matériel, sera une action généreuse au profit des générations futures qui en bénéficieront.

Espérons que les travailleurs comprenant l'importance et appréciant l'utilité de l'association, reconnaîtront la nécessité d'être unis et viendront adhérer à l'Union Centrale des Travailleurs Métallurgistes de Montluçon *pour poursuivre la réalisation de cette œuvre en commun.*　　F. H.

UNION CENTRALE

DES

Travailleurs Métallurgistes de Montluçon

(Fondée en Janvier 1903)

HISTORIQUE

ROLE ET BUT

ŒUVRE ACCOMPLIE

UNION — EDUCATION — EMANCIPATION

CHAPITRE PREMIER

Avant 1897, il n'existait pas à Montluçon, de Chambre Syndicale corporative dans l'industrie de la Métallurgie.

C'est en juin 1897, que se constitua la première organisation de travailleurs métallurgistes à base syndicaliste et corporative, sous le titre de : *Union des ouvriers métallurgistes de Montluçon (Siège social : Cour de l'Ecu)*. Cette association fit œuvre de vitalité et démontra par les résultats acquis, que les travailleurs peuvent faire beaucoup, lorsque l'union vient seconder leurs aspirations et leurs efforts ; disons en passant, que c'est le premier syndicat à Montluçon qui dressa un tableau des revendications ouvrières et le présenta au patronat afin d'en obtenir solution. Cet acte énergique ne fut pas unique, il se retrouve dans maintes circonstances à l'actif de cette organisation et aussi à l'actif de bien d'autres syndicats qui se constituèrent ensuite, tels que, l'*Union Syndicale des ouvriers de l'usine St-Jacques, Siège social ; Edifice communal, fondée en décembre 1899*, dont nul n'ignore les heureux effets produits, ce qui est toujours une satisfaction de voir aboutir ses réclamations lorsqu'elles sont formulées à juste titre : Puis d'autres encore que nous ne citerons pas, les deux principaux étant ceux cités ci-dessus :

De sorte qu'il existait en 1902, six syndicats de la métallurgie à Montluçon, qui, tous avaient été créés avec un but identique, mais différant de méthode.

Chacune de ces organisations eût ses moments de prospérités et de succès, mais hélas aussi, il en était résulté une division des forces qui paralysait chacune et avait semé une certaine rivalité.

C'est alors que devant l'impuissance de chaque organisation pour ces diverses raisons, la nécessité *d'une union* obséda les militants et amena un rapprochement entre eux, d'où ils conclurent à faire une réunion, où une délégation de part et d'autre, viendrait exposer ses impressions et tenter la réalisation d'une unité.

La Fédération de la métallurgie ayant un de ses secrétaires en tournée de conférence et devant passer par Montluçon, il fut décidé de profiter de son passage pour organiser une réunion qui eut lieu le 11 Mai 1902, salle des Fêtes de l'Hôtel de Ville et ayant pour objet : 1º Union des forces ouvrières métallurgistes de Montluçon ; 2º Conférence par le citoyen Galantus, secrétaire de la Fédération des ouvriers métallurgistes de France.

Le secrétaire de l'Union des ouvriers métallurgistes qui est désigné comme président de la réunion, expose le but et ce qui la motivait. Depuis longtemps, dit-il, l'on constate que des sentiments d'union animent les travailleurs métallurgistes ; naguère encore, nous nous regardions de travers comme des adversaires, alors qu'au fond nous poursuivons le même but ; des pourparlers entre camarades des divers syndicats, il se dégagea l'opinion, qu'un rapprochement était très possible et peut-être même une fusion.

L'on constate avec satisfaction que les divisions tendent à disparaître pour faire place à de meilleurs sentiments, que l'idée d'une union fait des progrès rapides, ébranlant le sectarisme de certains : Voilà pourquoi la réunion a lieu et maintenant il s'agit pour nous de chercher un terrain d'entente qui permette d'être unis et d'être une force consciente et agissante.

L'union des ouvriers métallurgistes expose comme avis de principe, que tous les syndicats de métallurgistes disparaissent et soient dissous pour faire place à un nouveau Syndicat unique pour tous les travailleurs métallurgistes de Montluçon, ce qui permettrait à tout ouvrier sincère et soucieux des intérêts généraux, de venir en faire partie : Personne ne pourrait plus faire l'objection, que l'union fait défaut.

Il est absolument nécessaire, camarades, de faire l'union et concentrer toutes nos forces pour obtenir des améliorations successives à notre situation et travailler par l'étude et l'action à la transformation de la société.

Plusieurs camarades déclarent se rallier à la proposition formulée ci-dessus, qu'ils trouvent être la meilleure, car, disent-ils, il faut en finir de ces divisions passées, il nous faut une union étroite, un seul syndicat pour tous les métallurgistes, est de beaucoup préférable.

Le président expose que le bureau du nouveau syndicat pourrait être composé de camarades des différentes usines, et quand il y aurait une réclamation à faire ou une question intéressant particulièrement une usine, les camarades de cette usine seront convoqués aussi simplement et aussi rapidement que n'importe quel syndicat actuellement, et de leurs délibérations, la réunion générale ou extraordinaire prendra les décisions que comporteront les circonstances.

Chaque usine suivant ses besoins, se réunira sous le nom de Section, mais sans un caractère autonome, car cela entrainerait un émiettement, ce ne serait plus l'union parfaite. Il faut se renforcer et non se disperser, nos exploiteurs fondent des syndicats patronaux et des trusts, nous devons donc nous efforcer de former un bloc conscient en face d'eux, en se syndiquant et se fédérant.

Le président démontre qu'en fondant un syndicat général unique, quand il y aura des réclamations pour une usine, elles auront chance d'aboutir pacifiquement, parce que le patron saura que derrière ceux qui font ces revendications, il y a tous les ouvriers métallurgistes de Montluçon qui pourront les soutenir, et, le cas échéant, les seconder par une manifestation en conséquence, et de plus, derrière le syndicat, il y aura la Fédération des ouvriers métallurgistes de France venant apporter son appoint moral et pécuniaire, ce qui sera de nature à faire réfléchir le patronat devant les ouvriers ainsi organisés et bien décidés

Le président, comme conclusion, propose que, quand le syndicat unique sera constitué, il sera préférable que le bureau n'ait pas à sa tête les mêmes camarades qui sont à la tête des syndicats actuels, de façon que les critiques qui ont pu être portées contre eux plus ou moins injustement, ne puissent jetter le moindre ombrage sur le nouveau syndicat ; cela n'empêchera pas ces bons camarades qui ont fait leur devoir étant à la tête, d'être de bons et dévoués adhérents dans le rang.

Un camarade exprime sa satisfaction de voir l'accord ne soulever aucune opposition, mais une discussion courtoise afin que chacun s'en aille avec des arguments à exposer chacun dans son syndicat.

Le président donne ensuite la parole, pour traiter la question au point de vue général, au citoyen Galantus, secrétaire de la Fédération de la Métallurgie ; le citoyen Galantus expose l'utilité des organisations syndicales et fédérales, il démontre la nécessité d'un syndicat unique et cite à l'appui de sa thèse de nombreux exemples par suite du progrès du machinisme apporté dans les professions et aussi dans les façons compliquées d'une exploitation toujours de plus en plus insatiable. Pendant une heure en un langage simple et compréhensible, il expose le rôle syndical à son double but, dans la société actuelle et vers la société future.

Le citoyen Galantus avant de terminer exhorte les camarades à faire l'union, à ne former qu'un seul syndicat pour simplifier les rouages administratifs et être une véritable force en face du patronat, il invite les camarades présents à bien se pénétrer de toute la discussion, afin qu'à la première réunion générale, dans chaque syndicat il soit nommé une Commission de cinq membres qui seront chargés de tracer la ligne de conduite du nouveau syndicat et que cette union soit réalisée le plus vite possible.

Un camarade demande au président de vouloir bien lui donner par écrit le projet d'union qu'il a exposé afin de le soumettre à la prochaine réunion de son syndicat, il est décidé que le procès-verbal de la réunion sera communiqué à tous les syndicats.

Les chambres syndicales dans leur réunion générale qui suivit celle du 11 mai, désignèrent chacune cinq délégués avec mission, sous le nom de Commission unitaire de rédiger les principes sur lesquels devait se faire l'unité des divers syndicats métallurgistes.

La Commission unitaire tint sa première réunion en Juin et dans une discussion générale trancha les trois points les plus importants et qui paraissaient être les plus litigieux. 1° Il fut convenu que le nouveau syndicat ne ferait pas d'action politique proprement dite ; 2° Qu'il serait adhérent à la Fédération de la Métallurgie au point de vue corporatif ; 3º Qu'il serait adhérent à la Bourse du travail de Montluçon au point de vue des rapports entre syndicats locaux. Après être tombé d'accord sur ces trois points et surtout ne former qu'un seul et unique syndicat, il fut nommé une sous-commission chargée d'étudier et de présenter un projet de statuts, et pour cela la Commission aborda quelques autres points secondaires comme indications.

La sous-commission s'appliqua de son mieux dans ce travail laborieux, de bien définir et rendre explicite les statuts, à l'aide desquels la Chambre syndicale pourrait posséder dans son sein tous les éléments conciliés, exposer le rôle de l'organisation avec la situation présente et le but à atteindre.

Après plusieurs séances tenues, la Commission adoptait le 21 octobre 1902 le travail que lui présenta la sous-commission. Ce projet divisé en quatre parties, comprend : 1º Un préambule qui est une déclaration de principe ; 2º L'acte d'adhésion que l'adhérent doit signer avant son admission ; 3º Les statuts indiquant le fonctionnement de la Chambre syndicale ; 4º Un réglement intérieur exposant l'administration.

La Commission unitaire dans cette séance, décida que ce projet serait lu à chacune des organisations, puis qu'une réunion d'ensemble aurait lieu, où tous les syndiqués de chaque organisation écouteraient la lecture du projet d'unité ainsi que des explications nécessaires et concluraient dans cette assemblée plénière à l'union définitive.

La réunion générale et plénière des adhérents des syndicats métallurgistes eut lieu le samedi 6 décembre, salle de l'édifice communal. Après la lecture du projet d'unification, le rapporteur donna les explications utiles en exposant la pensée qui avait animé les membres de la Commission en présentant tel article, avec telle définition, pour telle raison ; il developpa en un mot, le caractère et le sentiment qui se dégage du projet. Ces explications eurent l'approbation de l'assemblée qui, article par article, approuva le projet sans aucune rectification. Pour faciliter la propagande il fut décidé qu'il serait imprimé à 3.000 exemplaires les statuts en feuille volante, sur laquelle l'adhérent signerait avant qu'il lui soit remis un livret.

L'assemblée décida en outre que le nouveau syndicat fonctionnerait à la date du 1er Janvier 1903, et pour cela une Commission Administrative de douze membres ou figuraient des camarades de toutes les usines, avec mission de faire le nécessaire pour la constitution du syndicat, fixa la première réunion générale au 17 Janvier, et décida que cette première réunion serait publique pour tous les travailleurs métallurgistes désireux de se syndiquer. A cet effet la Commission Administrative lança l'appel suivant, par voie d'affiches :

AUX CAMARADES MÉTALLURGISTES

Camarades,

Ce qu'est notre organisation, c'est le groupement de tous les intéressés aux fins d'une étude sociale et corporative, où chacun peut émettre ses idées ; mais dans laquelle pas un parti, pas une chapelle, pas un homme ne prévaut sur l'autre.

Arrivant ainsi à provoquer une discussion loyale, courtoise parmi nous, nous espérons également arriver à secouer la torpeur, l'inertie, qui s'est emparée de notre corporation et ranimer l'énergie de tous nos adhérents.

Déjà, les salaires sont au juste minimum ; peut-être un jour pas bien éloigné, aurons-nous à faire face à nos exploiteurs, dont les tendances à notre égard, sont de plus en plus rapaces. Armons-nous donc en présence des luttes futures, puisque l'exploitation tend de plus en plus à être l'apanage d'une petite collectivité ; soyons plus nombreux encore de notre côté, pour résister à la pression et nous sortirons triomphants de la lutte. Défendons notre salaire trop réduit et assurons pour demain, notre droit à la vie : C'est donc contre l'exploitation quelle quelle soit et d'où qu'elle vienne, patron ou marchandeur que nous avons à lutter, à utiliser notre combativité.

Pour mener notre œuvre à bien, nous faison appel à tous ceux qui ont souci de l'étude de la question sociale, sans distinction d'opinion, ni de croyances.

De nombreux camarades nous ont déjà compris et sont venus à nous, nous espérons que vous ne vous tiendrez pas éloignes d'eux, et que vous comprendrez les grands devoirs de la solidarité ouvrière, en même temps qu'humaine, d'autant plus que nos intérêts y sont tous attachés.

La première réunion mensuelle aura lieu *le samedi 17 janvier à 7 heures 1/2 du soir, sall· de l'edifice communale de Ville Gozet.*

ORDRE DU JOUR:

1° — Rapport de la Commission administrative ;
2° — Formation définitive du bureau ;
3° — Nomination des différentes commissions ;
4° — Qustions diverses.

Nota. — *Tous les métallurgistes sont priés d'assister à cette réunion.*

CHAPITRE II

Dès lors, la Chambre syndicale était constituée, mais il restait à la Commission administrative à en préparer son fonctionnement, ce quelle fit de son mieux ; les statuts en feuilles volantes dès les premiers jours de janvier, furent mis en circulation, afin de recevoir les adhésions. Le rapport ci-dessous était déposé à la Commission, pour être présenté à la 1re réunion générale.

Montluçon, le 8 janvier 1903.

Le commentaire ci-joint exposant en partie la définition des différents articles et interprétant leur mode d'application, a été rédigé pour être soumis à l'approbation de la réunion générale du 17 janvier.

J'invite la Commission administrative de vouloir bien en prendre connaissance attentivement, pour voir si c'est bien là l'esprit qui doit animer l'organisation conformément au désir de la Commission unitaire et à la décision de la réunion pleinière des syndiqués en date du 6 décembre 1902, Salle de l'édifice communal.

F. H.
Rapporteur de la Sous-Commission chargée de l'élaboration des statuts et règlement pour l'unification des syndicats métallurgistes de Montluçon.

COMMENTAIRE

Simple et explicite du mode de fonctionnement de la Chambre Syndicale

UNION CENTRALE
des
Travailleurs Métallurgistes de Montluçon

« Ce titre « Union Centrale » n'a pas été adopté pour
« afficher des airs prétentieux, mais bien parce qu'il reflète
« la pensée qu'ont eue les partisans de l'Unité, de vouloir
« centraliser les Organisations métallurgiques qui étaient
« divisées et concentrer dans une seule association les tra-
« vailleurs métallurgistes.

DEVISE :

Action : Économique et Corporative.
But : Etude d'Intérêts professionnels et Solidarité.

« Cette devise a été acceptée parce qu'elle symbolise les
« aspirations et la raison d'être de la Chambre syndicale.

PRÉAMBULE :

La Chambre syndicale l'**Union centrale des Travailleurs
métallurgistes de Montluçon** fait appel au bon sens et à
l'énergie des ouvriers soucieux des intérêts communs.

Travailleurs, sortez de votre engourdissement, levez la tête,
soyez hommes, soyez libres, marchez vers la lumière, vers
l'émancipation, venez réchauffer vos sentiments dans l'étude
des revendications qui, par l'action syndicale, sera la force qui
nous donnera la liberté, le droit à la vie.

Camarades,

Le moyen d'étude, d'entente et d'action des travailleurs,
c'est à la Chambre syndicale qu'on le trouvera : là, tout citoyen
peut venir discuter librement ses intérêts

C'est dans son sein que l'ouvrier puisera les connaissances
nécessaires, l'initiant, soit par la lecture ou la discussion sur les
mille rouages d'une organisation sociale qui lui échappe.

Au point de vue de la solidarité, c'est une œuvre fraternelle
unissant tous les travailleurs d'une même corporation et se
soutenant dans leurs réclamations : à nous de chercher les
causes de nos malheurs et quels sont les moyens de les anéantir.

Notre syndicat est à tous grand ouvert, mais seuls ont le
droit d'en faire partie « les Travailleurs » ; seuls les ouvriers
qui sont « las » de subir l'injustice du salariat, ont le droit de
venir dans nos rangs pour nous aider et chercher à résoudre le
problème du « mieux-être ».

Notre syndicat est tout simplement une union de camarades
des diverses usines, qui ont la légitime prétention d'examiner
la situation qui leur est faite, de l'étudier, puis revendiquer
leurs droits loyalement, légalement, mais aussi de nous
défendre ans faiblesse avec l'énergie de ceux qui accomplissent
un devoir sacré au-dessus de tout : « Défendre son pain, son
avenir et celui de sa famille. »

Accomplir tous nos devoirs, revendiquer tous nos droits, tels
sont nos désirs.

« Le Préambule tout en étant un appel aux travailleurs
» métallurgistes à se syndiquer, est, en outre, une indica-
» tion de ce qui, est et doit-être une Chambre syndicale

» ouvrière, sa fonction, son but, pour la défense des
» intérêts des exploités contre les oppressions de toute
» nature, car la Chambre syndicale est en quelque sorte le
» pivot et le support des revendications ouvrières, mais
» réciproquement, le nombre de travailleurs syndiqués et
» conscients formera le levier qui permettra de faire
» aboutir les dites revendications. »

ACTE D'ADHÉSION

Je déclare approuver le préambule ci-dessus comme principe à suivre et me conformer aux statuts et règlement ci-joints.

Nom et Prénoms :

Profession :

Adresse :

Montluçon, le   190

(Signature).

Nous présentons à la Chambre syndicale le camarade
                              comme membre adhérent.

No   Nom

No   . Nom

Montluçon, le   190

« En exigeant que les camarades qui désirent se
« syndiquer, signent qu'ils déclarent approuver le Préam-
« bule comme principes généraux à suivre et se conformer
« aux statuts et règlements pour le fonctionnement normal
« de la Chambre syndicale et l'exécution du but poursuivi,
« nous avons tenu par là, qu'ils sachent sciemment à quelle
« œuvre ils adhéraient, car chacun doit y apporter son
« concours, elle ne peut vivre et être utile qu'à la condition
« de trouver chez les adhérents, dévouement et énergie,
« Car s'il y en a qui faillissent à leurs devoirs, ils seront
« exécutés suivant les cas, comme inconscients ou renégats.
« Cette mesure est d'autant plus utile qu'il faut confiance
« et encouragement réciproque.
« Tout adhérent doit signer lui-même sa feuille d'adhé-
« sion ; après admission et paiement du premier mois, un
« livret lui est établi.

Statuts

« Les statuts sont l'indication du mode de fonctionne-
« ment de la Chambre syndicale, ils ont été rédigés pour
« être appliqués et suivis par tous les adhérents, en toute
« circonstance. »

ARTICLE PREMIER

Conformément à la loi sur les syndicats professionnels du
21 Mars 1884, il est formé entre tous les Ouvriers Métallurgistes,
une Chambre Syndicale appelée : **Union Centrale des
Travailleurs Métallurgistes de Montluçon**. La durée est
illimitée ainsi que le nombre de ses membres.

« Cet article stipule et signifie, qu'il est formé une
« chambre syndicale, *entre tous, et pour tous les*
« *ouvriers métallurgistes* habitant Montluçon ou sa ban-
« lieue, mais travaillant dans l'une des usines métallurgistes
« de Montluçon ; l'on ne peut en effet (sans être contraire
« au bon sens) admettre des adhérents qui ne travaillent
« actuellement dans la métallurgie, sous un prétexte
« quelconque, même s'ils ont été métallurgistes et n'ont
« pas exercé d'autres professions depuis, car s'ils n'appar-
« tiennent pas, ou ne dépendent pas d'une façon directe
« comme salariés d'un établissement métallurgique, ils ne
« peuvent prétendre avoir à se défendre contre une
« exploitation qu'ils ne subissent pas.

ARTICLE II

Pour faire partie de la Chambre syndicale, il suffit d'être
travailleur d'une profession métallurgiste, d'un métier similaire
ou des professions connexes concourant à la fabrication ou au
façonnage des métaux.

« Les travailleurs exerçant une fonction de métallurgistes
« dans une usine, administration ou établissement non
« métallurgique, pourront demander leur adhésion s'il
« n'existe pas de syndicat dans la corporation à laquelle
« ils collaborent par leur travail ; Mais si pour cette usine,
« administration ou établissement est constitué légalement
« un syndicat, leur devoir est d'y être adhérent. Car si les
« intérêts de ce camarade sont similaires des nôtres au
« point de vue professionnel, les besoins divers de l'exploi-
« tation l'ont adjoint matériellement à une autre corpo-
« ration avec laquelle ses intérêts immédiats sont liés et en
« dépendent.

ARTICLE III

Tout travailleur voulant faire partie de la Chambre Syndicale devra être présenté par deux membres déjà inscrits.

Tout adhérent au Syndicat doit décliner ses nom et prénom, profession et adresse ; son nom devra être affiché au moins 15 jours avant une réunion générale à laquelle il sera admis si, après examen, aucun motif sérieux n'est opposé à son admission.

« Il est de toute prudence, que, pour être certain de la
« moralité d'un nouvel adhérent, il soit présenté par deux
« membres déjà syndiqués, il est aussi très utile que ses
« nom, prénom, profession et adresse, soient connus, pour
« éviter des confusions possibles entre différents noms, ou
« pour la bonne tenue des livres et la régularité des comptes
« ainsi que pour les besoins des convocations individuelles.

ARTICLE IV

Tous les adhérents aux présents statuts devront s'engager à participer au progrès et au développement de la Chambre Syndicale.

En outre, ils devront signer la formule et déclaration de principe ci-jointe, qui les engagera moralement et matériellement à mettre leurs actes d'accord avec leurs paroles.

« En signant leur adhésion, après avoir pris connaissance
« du Préambule et des statuts, les adhérents s'engagent de
« ce fait à participer au progrès et au développement de
« la Chambre Syndicale et en outre moralement et maté-
« riellement à mettre leurs actes d'accord avec leurs
« paroles : En effet, ce n'est pas des figurants qu'il faut
« parmi nous, ni des camarades ne comprenant que verser
« leurs cotisations et pour le reste insouciants ou indiffé-
« rents ; ce sont des syndiqués dans toute l'étendue du mot,
« qui, par leur présence la plus assidue possible, montrent
« par là leur désir de s'instruire et l'ardent besoin d'un
« peu plus de bien-être. Par sa présence et la part qu'il
« prend à l'étude des questions ouvrières et des moyens
« d'en obtenir la solution, le syndiqué démontre sa sincé-
« rité et la conviction qu'il a de ses droits à revendiquer
« et de ses devoirs à remplir.
« Se dérober à l'organisation corporative est une faiblesse
« s'y soustraire est une lâcheté, la combattre est une
« trahison, car quand il y a un résultat obtenu par l'action
« syndicale, **il y a là une indignité** pour les non syn-
« diqués à profiter d'un avantage auquel ils n'ont pas colla-
« boré d'une façon matérielle ni morale.

ARTICLE V

La Chambre Syndicale aura pour objet exclusivement *l'étude et la défense des intérêts économiques.*

Le but étant de rechercher les meilleurs moyens capables d'éclairer les travailleurs sur leur situation et d'améliorer leur sort, de créer des rapports fraternels entre tous les ouvriers métallurgistes, sans distinction de nationalité, domiciliés en France.

Dans ses réunions partielles, générales et dans les conférences, elle s'efforcera de rehausser le niveau moral de la corporation, *par une étude approfondie* de toutes les questions économiques et professionnelles.

« L'éducation des adhérents est un besoin impérieux, « car une trop grande quantité de travailleurs sont igno-« rants des questions sociales, les intéressant au plus haut « degré, ou bien d'autres questions qui sont secondaires, « mais néanmoins de grande importance, sont comprises « sous une forme nuisible à leurs intérêts immédiats ou à « venir.

« Il est donc de toute utilité d'ouvrir les yeux aux tra-« vailleurs sur leurs véritables intérêts. Pour cela, le meil-« leur moyen, est de les inviter chaque mois (comme « l'indique le 2° paragraphe de l'art. 23), à une Conférence « où paisiblement il sera discuté et enseigné les remèdes « que nous apporterons aux maux de la société actuelle, « d'abord adoucissement, puis émancipation comprenant : « « bien-être et liberté ».

ARTICLE VI

La Chambre Syndicale se compose de travailleurs des diverses usines **unifiés** dans son sein.

Pour la facilité d'étudier et d'obtenir des améliorations, lorsque le besoin s'en fera sentir, il sera tenu une réunion spéciale pour l'usine seule, sous le nom de Section pour l'usine de....... Chaque section, en réunion d'usine, *étudiera* les réclamations générales ou propositions de chantiers qui lui seront soumises.

En aucun cas, une section ne pourra agir sans en référer à l'Union Centrale qui, *en réunion générale*, prendra les décisions que comportera le sujet, suivant les circonstances qui le motivent et ses conséquences.

En aucun cas, les réclamations ou revendications ne pourront être faites par une individualité au nom du syndicat.

« Une réunion des travailleurs d'une usine ne pourra se « tenir que par suite d'une demande de réclamation faite « en réunion générale :

« Si cette demande est trouvée légitime, il sera lancé une
« convocation pour cette usine seule, sous le nom de
« « section pour l'usine de.... »

« La Section ne joue un rôle effectif que dans les ques-
« tions particulières à l'usine *pour et à l'occasion de laquelle*
« *elle se réunit*. Car dans les *questions propres à une usine*,
« ceux des autres ne pourraient les discuter avec autant
« de connaissance de cause et par ce fait, seraient suscep-
« tibles de leur donner une interprétation ou application
« différente, et aussi afin d'éviter de la confusion dans la
« discussion.

« A une réunion de Section, sur la discussion, il sera
« rédigé un rapport dans le sens et l'esprit de l'Assemblée,
« qui sera soumis à la réunion générale ou extraordinaire
« suivante par la voix d'un rapporteur qui donnera toutes
« les explications nécessaires.

« Les réunions d'usines autant que possible, ne devront
« étudier et réclamer que des choses d'ordre générale, par
« conséquent profitables à tous, ce qui, forcément, entraî-
« nera des améliorations partielles de chantiers : il y a lieu
« de rappeler aux camarades, éviter de se laisser aller à
« de trop futiles et trop nombreuses questions individuelles
« (à moins de flagrante injustice).

ARTICLE VII

Tous les syndiqués se doivent aide et protection ; ils s'inspi-
reront du principe de la solidarité en la pratiquant sur la plus
vaste échelle.

Ils éviteront soigneusement les futiles questions d'amour-
propre pour ne s'intéresser qu'au but de la Chambre Syndicale :
le bien-être des Travailleurs.

« Par cet article, l'on entend dire que les travailleurs
« doivent s'efforcer de faire trève aux divisions passées
« qui n'ont en réalité jamais eu leur raison d'être ; Egale-
« ment aucune acrimonie ne doit exister entre ouvriers de
« même profession ou professions diverses d'un même
« chantier ou d'un chantier avec un autre, entre ouvriers
« de prix de journées différentes, ou bien et surtout pour
« cet étrange et anormal procédé du travail aux pièces ;
« tous sont des faits dont le patronat profite, car ils entre-
« tiennent la désunion.

« Les efforts de tous doivent tendre à faire disparaître
« toutes ces petites rivalités, en apportant chacun dans
« nos relations au travail et en dehors, ce qu'il serait utile

« d'appliquer et d'appeler de la sympathie réciproque-
« ment à l'égard les uns des autres, en se donnant d'utiles
« conseils, etc.

ARTICLE VIII

La Chambre Syndicale examinera avec soin tous les différends
entre ouvriers et patrons qui lui seront communiqués, et si le
litige est soumis à une juridiction, *elle appréciera* si l'affaire doit
être poursuivie avec les deniers du Syndicat.

« L'article 3 du réglement intérieur indique qu'il existe
« une Commission dite juridique dont le rôle est expliqué.
« Tout adhérent peut venir y puiser des renseignements,
« tout syndiqué blessé, en travaillant, peut s'adresser à la
« Chambre Syndicale pour faire valoir ses droits en justice;
« en cas de décès, la veuve ou les orphelins pourront béné-
« ficier des mêmes avantages ; tout différent qui survien-
« drait entre ouvriers et patrons sur une question de travail,
« d'hygiène ou de sécurité, sera examiné. (Voir les attri-
« butions de la Commission juridique).

ARTICLE IX

Il sera créé au sein du syndicat, un office de renseignements
pour les offres et demandes de travail.
En conséquence, lorsqu'un syndiqué connaîtra une place
vacante, il sera tenu d'en informer le bureau dans le plus bref
délai possible.
Tout syndiqué sans emploi pourra donc s'adresser au bureau
de la Chambre Syndicale.

« La Chambre Syndicale facilitera l'embauchage de ses
« adhérents chômeurs, par un échange continue de rensei-
« gnements, par des relations fréquentes, par la pratique
« de la solidarité ouvrière et toutes autres mesures reconnues
« propres à éviter le chômage.

ARTICLE X

La Chambre Syndicale accordera des secours de route aux
ouvriers de passage appartenant déjà à un syndicat métallurgiste
fédéré.

« Il ne sera accordé de secours de route qu'aux travail-
« leurs qui appartiennent à un syndicat métallurgiste
« adhérent à l'Union Fédérale des ouvriers métallurgistes
« de France et à jour de leurs cotisations. Les ouvriers de
« passage appartenant à une autre corporation, seront
« soutenus par la Bourse du Travail au terme de son
« réglement.

ARTICLE XI

Le fonds social se compose de la cotisation mensuelle qui est de o fr. 50 et du droit d'admission o fr. 50.

« Pour assurer la vitalité d'une organisation, couvrir « les frais de son administration, en un mot, faciliter sa « tâche, il est utile que chaque adhérent y contribue par « une cotisation.

ARTICLE XII

Aucun fonds dépassant la somme de 100 fr. ne pourra rester entre les mains du trésorier ; tout le surplus sera placé par les soins d'une commission.

« Cette mesure d'une utilité incontestable, exprime la « garantie que les fonds n'étant pas entre les mains et à la « disposition d'un homme, ils ne peuvent être détournés « aisément, cela à un double point de vne : 1° la sécurité « aux yeux de tous sur l'avoir de l'organisation 2° le cama- « rade désigné comme trésorier, n'ayant pas une somme « plus ou moins élevée continuellement sous la main, ne « pourra de ce fait, être tenté par le mirage de la valeur, « d'en distraire tout ou partie, et l'on aura ainsi conservé « la caisse et un bon camarade parmi nous.

ARTILE XIII

La Chambre syndicale est administrée par deux membres, un secrétaire et un trésorier, élus pour une année et nommés en Assemblée Générale.

Ils seront révocables ou rééligibles.

« Le secrétaire et le trésorier représentent la Chambre » syndicale pour toute action publique, conformément à la » loi, mais en réalité leur rôle est administratif, comme » l'indiquent les articles 14 et 15. (Voir le rôle des Com- » missions qui soulagent leurs fonctions.)

» Les membres administrateurs du Syndicat doivent » être choisis parmi des camarades sérieux, désintéressés » et conscients, sur qui il n'y a aucune critique et jouissant » de l'estime des travailleurs. »

ARTICLE XIV

Le rôle du secrétaire consistera à recevoir les correspon- dances qui seront adressées au syndicat, il ne pourra écrire aucune lettre au nom du Syndicat sans une décision d'une réunion partielle ou générale.

Il devra préparer l'ordre du jour de chaque réunion et faire toutes les écritures nécessaires au fonctionnement du bureau de la Chambre syndicale.

« Par cet article il semblerait résulter que l'on enlève
» toute initiative au secrétaire ; il n'en est rien, car son
» activité peut se manifester au sein des commissions qui
» ont pour mission de faciliter le rôle et le but de la
» Chambre syndicale avec toute l'ampleur nécessaire.

» Le service du bureau est un rouage administratif dans
» l'organisation, la fonction de chacun est bien détermi-
» née et strictement limitée, tout fait ou acte sortant du
» cadre assigné relève de l'Assemblée générale ; cela afin
» d'éviter des ambitions possibles ou de se créer des
» influences et une autorité sur les autres adhérents qui
» puisse faire dévier le syndicat de son véritable but. »

ARTICLE XV

Le trésorier devra inscrire les recettes et dépenses sur des
livres spéciaux et à 1 centime près.

Il ne devra se dessaisir d'aucun fonds sans l'autorisation
d'une réunion générale ; sauf les frais courants du syndicat,
tous les frais seront votés en Assemblée générale.

« Il est du plus haut intérêt que la comptabilité soit
» d'une régularité parfaite, qu'aucune somme ne sorte de
» la caisse sans la décision d'une réunion générale, sauf
» les frais courants qui néanmoins doivent être soumis à
» la réunion qui suit. »

ARTICLE XVI

Une Commission de contrôle composée de 6 membres élus
pour une année, renouvelable par moitié, aura la vérification
des comptes.

Elle siégera une fois par trimestre et affichera son rapport
dans l'intérieur du local.

Lorsqu'un membre de la Commission de contrôle s'apercevra
d'une irrégularité quelconque, il pourra forcer le bureau à
convoquer une réunion extraordinaire pour dénoncer le fait.

« Une Association ne peut inspirer confiance à ses
» membres en particulier, s'il n'y est fait un contrôle à
» intervalle régulier. Il est de toute utilité que le compte-
» rendu du contrôle soit affiché dans l'intérieur du local ;
» cela permet à chaque adhérent de constater la bonne
» gestion. Si aucune erreur ou irrégularité n'est constatée
» par la Commission de contrôle, c'est la reconnaissance
» de la probité du trésorier qui lui vaut mieux qu'un vote
» de confiance. »

ARTICLE XVII

Lorsqu'un syndiqué sera en retard de plus de trois mois pour ses cotisations, il lui sera adressé un appel, et s'il ne s'acquitte pas dans le mois suivant il sera considéré comme démissionnaire ; exception est faite pour les cas de chômage, de maladie justifiée ou de départ pour le service militaire.

Dans tous les cas, l'Assemblée générale décidera en dernier ressort.

« En résumé, un syndiqué conscient ne peut se mettre
» en retard pour payer sa cotisation au point de lui en
» faire appel. »

ARTICLE XVIII

Ne pourront pas faire partie de la Chambre syndicale les contre-maîtres et chefs d'équipes ne travaillant pas.

« Cet article existait dans les statuts des syndicats qui
» ont fondé l'unité : « l'Union des ouvriers métallurgistes »
» à l'article 20, « le Syndicat de l'usine Saint-Jacques »
» à l'article 2, et d'ailleurs dans tous les syndicats ouvriers
» à quelques exceptions près.
» La Chambre syndicale ne peut en effet avoir dans son
» sein des individus ayant autorité sur leurs semblables
» dans les chantiers. L'adhérent qui passerait dans l'un de
» ces deux cas cesserait d'appartenir au syndicat, car pour
» un qui garde sa dignité d'homme dans sa fonction, vingt
» se font valets tyranniques et injustes du patronat. »

ARTICLE XIX

En cas du départ d'un membre du syndicat, pour une cause quelconque, il n'a droit à aucun remboursement.

« Loin d'avoir droit à un remboursement, au terme de
» la loi, le syndicat peut au contraire exiger du partant
» qu'il lui soit versé la cotisation de l'année en cours. »

ARTICLE XX

La Chambre syndicale interviendra dans les élections des conseillers prud'hommes si elle le juge nécessaire.

Une réunion générale convoquée à cet effet en décidera.

« C'est même le devoir de la Chambre syndicale de
» prendre part aux élections au Conseil de Prud'hommes,
» car il y a là une question de justice à faire rendre entre
» salariants et salariés et il est logique que l'on choisisse
» des camarades que l'on sache aptes à remplir la fonc-
» tion. Si l'on doit les soutenir de notre confiance pour

» accomplir leur tâche, l'on se réserve le droit de contrôle
» sur leur actes. »

ARTICLE XXI

Pour aucune raison, les questions personnelles et politiques
ne devront être éveillées dans l'intérieur du syndicat.

§ 1er. — Les questions personnelles n'intéressent pas le syndicat et ne peuvent être que nuisibles.

§ 2. — La Chambre syndicale entend se tenir soigneusement
en dehors de toute agitation politique, pour la raison suivante :
c'est qu'elle est purement corporative et veut se tenir sur le
terrain économique.

Nous comprenons comme questions politiques :

A. — Prendre part d'une manière plus ou moins directe à des
élections.

B. — Favoriser ou combattre un parti ou une personnalité
politique, choses dont la Chambre syndicale ne doit s'occuper
en aucune façon ; en un mot ni moralement ni pécunièrement.

Tout syndiqué qui soulèverait une question de ce genre sera
une première fois rappelé à l'ordre, avec inscription au procès-
verbal, et rayé sans appel à la réunion générale si le fait se
récidivait (ce paragraphe sera appliqué sans faiblesse).

En dehors de la Chambre syndicale, tout citoyen conserve
entièrement sa liberté individuelle.

« Nous devons ajouter comme conclusion de l'utilité de
» ne pas y faire de politique : c'est que, si l'on admettait
» qu'il y en soit fait, logiquement et au nom de la liberté
» que l'on désire chacun pour notre compte, tout adhérent
» aurait le droit d'y exprimer son opinion, il en dégénére-
» rait de ce fait des discussions sans limites qui amène-
» raient inévitablement des divisions et dans un bref délai
» il n'y resterait plus que ceux partageant la même idée
» politique ; loin de faire l'union l'on donnerait ainsi le
» spectacle de querelles inutiles et nuisibles aux travail-
» leurs métallurgistes de Montluçon, qui déjà bien écœurés
» n'ont confiance qu'en une union sérieuse et loyale.

» En évitant tout contact et toute influence politique,
» l'on évitera bien des déceptions, l'on ramènera le calme
» où le trouble régnait, l'on retrouvera activité où il y
» avait indifférence et au lieu de combinaisons en petits
» comités pour triompher, l'on y trouvera ce qui doit y
» exister : une union franche et sincère qui ranimera les
» énergies et donnera à tous l'estime réciproque dont les
» travailleurs ont grand besoin pour travailler en commun
» à résoudre les problèmes sociaux qui assurent l'existence
» à chacun.

« Si pour un instant, l'on admettait l'hypothèse que sui-
« vant certains évènements, l'on pourrait, à la Chambre
« syndicale, se préoccuper de politique, l'on se trouverait
« en face d'un terrain vaste et hérissé d'obstacles, à travers
« lesquels nos forces se disperseraient par suite des ten-
« dances de chacun de nous, emporté dans la discussion
« par son tempérament et ses idées.

« Ici une parenthèse : quelque soit l'opinion politique
« qu'un individu professe, il croit que par l'application des
« principes de son parti, il améliorera son sort, et la société
« ainsi instituée d'après ses doctrines répondrait suivant
« lui à l'idéal qu'il rêve.

« C'est un rêve, en effet, camarades, car chacun croit
« que ce sont les opinions dans lesquelles il a foi, qui sont
« les meilleures, chacun y a généralement trop confiance
« et par cela même, l'accord devient impossible devant
« tant de convictions plus ou moins colorées.

« Donc, trève aux discussions de la politique ; chassons
« ces querelles bâtardes ; au contraire, camarades, travail-
« lons d'un commun accord à fortifier l'esprit d'union qui
« doit tous nous animer dans la rude tâche d'améliorer
« successivement notre triste situation jusqu'au bien-être
« de la liberté. Laissons venir à nous, sans parti-pris, tous
« ceux qui reconnaissent qu'ils ne bénéficient pas de tout
« ce que la nature bonne mère nourricière, produit pour
« tous et que le régime d'exploitation nous dispuste au
« profit d'une classe d'oisifs.

« En dehors de la Chambre syndicale chacun peut don-
« ner libre cours à ses tendances, mais toutefois sans que
« jamais il ne puisse donner à ses paroles ou actes publics,
« de répercussion ou de corrélation intentionnelle avec ou
« sur la Chambre syndicale.

ARTICLE XXII

Il sera perçu sur les recettes un vi gtième po former la
caisse dite « le Sou du Soldat » en faveur des jeu   adhérents
partant au régiment, afin de leur rappeler qu'ils so... es ouvriers
syndiqués.

Pour avoir droit « au Sou du Soldat », l'adhérent devra avoir
deux années de présence au syndicat et être à jour de ses cotisations au moment du départ.

Les engagés n'y auront pas droit.

« Le service militaire étant une obligation imposée qui
« enlève l'individu à sa famille et le prive de sa liberté
« morale et physique, et cela sans qu'aucune rémunéra-

« tion pécuniaire et matérielle vienne faire compensation à
« la contrainte qu'on lui fait subir pour le besoin de ceux
« dont les intérêts sont contraires aux siens.

« Afin que le contact, dans une institution aussi digne
« du mépris qu'elle inspire, ne puisse pervertirà de mauvais
« instincts la jeunesse en général et nos adhérents en par-
« ticulier, nous voulons, par une correspondance périodi-
« que et en y joignant un petit pécule, entretenir l'esprit
« syndicaliste, les sentiments d'union et de fraternité des
« peuples, au cœur de l'homme malgré sa livrée militaire.

ARTICLE XXIII

Le Bureau est permanent tous les samedis de 7 h. 1/2 à 10 h.
du soir.

Tous les premiers samedis de chaque mois, il sera fait une
conférence sur l'action économique, le mouvement corporatif et
syndical en général.

Il sera tenu une Assemblée générale le troisième samedi de chaque mois.

« Le service de la permanence est ainsi établi : tous les
« samedis sont présents trois membres du Bureau, à tour
« de rôle, qui, en outre des renseignements qu'ils auront à
« fournir et ceux à enregistrer qui leur seront apportés,
« percevront les cotisations qu'ils pointeront sur une feuille
« de perception faisant foi au contrôle; un stock de timbres
« à cotisations sera à leur disposition.

« Chacune des diverses commissions aura également deux
« membres permanents à tour de rôle; de cette façon les
« adhérents auront toujours à leur disposition l'élément
« nécessaire, soit pour fournir ou bien prendre les rensei-
« gnements utiles.

« Par suite d'un cas important, surgissant à l'imprévu et
« nécessitant la présence de tout le bureau ou de toute
« l'une des commissions, l'un des permanents convoque
« pour le plus bref délai; les noms des membres du Bureau
« et des commissions, ainsi que leurs adresses, sont affichés
« dans le local.

« Un registre est tenu à chacune des commissions et du
« Bureau où se trouvent consignés les délibérations et tra-
« vaux, les permanents inscrivent les renseignements four-
« nis et les observations recueillies; le tout est communi-
« qué à la réunion générale.

« Tous les premiers samedis de chaque mois, il est fait
« une conférence sur un sujet choisi par le Bureau ou l'une

« des commissions. Il ne doit jamais être passé au vote sur
« le sujet de conférence, n'ayant aucune sanction à lui
« donner; ces conférences ont leur raison d'être dans la
« nécessité incontestable de faire l'éducation des adhérents
« et de les tenir au courant de l'action économique et du
« mouvement corporatif. Chacun profitera et emportera ce
« qu'il aura compris de l'exposé qui aura été fait.

« Les réunions générales étant mensuelles, les adhérents
« sont instamment invités à y assister le plus assidûment
« possible. Par les nombreuses présences, cela témoigne
« de l'intérêt que l'on porte à l'œuvre entreprise; c'est aussi
« un encouragement réciproque pour chacun de se trouver
« très nombreux à chaque séance et cela même donne plus
« d'importance à la discussion des sujets traités. Les adhé-
« rents doivent donc se faire un devoir d'assister régulière-
« ment aux Asssemblées générales.

ARTICLE XXIV

L'Assemblée Générale possède les pouvoirs les plus étendus : elle nomme et révoque les membres du bureau et des diverses commissions.

Toute décision prise sur une question inscrite à l'ordre du jour d'une réunion générale régulièrement convoquée sera valable quel que soit le nombre des membres présents.

« Les Assemblées générales sont convoquées par voie
« d'affiches apposées aux portes des usines et portant l'ordre
« du jour ; elles sont donc convoquées légalement à la
« portée de tous les adhérents d'une façon publique ; dans
« ces conditions, quelque soit le nombre présent, elles
« sont valables ainsi que les délibérations qui y sont prises.

ARTICLE XXV

La Chambre syndicale. ne voulant pas isoler son action, adhère à la *Confédération générale du Travail* par l'entremise de son *adhésion directe* :

1° à l'*Union fédérale des Ouvriers métallurgistes de France*, avec qui elle aura des rapports continus de principes et de tactiques ;

2° à la *Bourse du Travail* de Montluçon, par esprit de solidarité et d'action locale.

« La Confédération générale du Travail est l'organisme
« reliant les Fédérations nationales d'industries et de mé-
« tiers et la Fédération des Bourses du Travail.

« L'adhésion d'un syndicat à sa Fédération d'industrie
« est pour lui une force morale et encourageante en temps

« ordinaire, le ralliement et stimulant des énergies, et la
« coordination des efforts en période de lutte. C'est donc
« pour les organisations un devoir et une nécessité d'y être
« adhérent.

« Une Bourse du Travail est le trait d'union de syndicats
« locaux poursuivant chacun dans sa corporation, cet esprit
« d'étude, de solidarité et de lutte. Elle est leur organisme
« de rapprochement et d'aide mutuelle dans la propagande
« locale.

ARTICLE XXVI

Toute proposion tendant à la modification ou à la révision
des statuts devra être présentée en réunion générale ; si elle est
prise en considération, elle sera affichée dans l'intérieur du local
et inscrite à l'ordre du jour de la réunion générale suivante qui
aura à la discuter.

« L'on ne peut en effet modifier des statuts sans avis et à
« tout propos ; il faut que les faits qui motivent la modifi-
« cation, soient mûrement examinés, ainsi qu'au vu et su
« de tous les adhérents.

ARTICLE XXVII

En cas de dissolution amenée par des faits majeurs, dépen-
dants ou indépendants de la volonté des adhérents, tout l'avoir
du syndicat sera mis sous la responsabilité de syndics nommés,
en attendant que la Bourse du Travail, d'accord avec l'Union
fédérale de la métallurgie, ait reconstitué le syndicat ou en ait
constitué un nouveau *sur les mêmes principes*.

La dissolution ne pourra être discutée que dans une réunion
spécialement convoquée à cet effet et annoncée au moins 15
jours avant.

Elle ne sera valable que si elle est prononcée par les 4/5 des
membres présents.

« En principe, la durée d'une Chambre syndicale n'a pas
« de limite, elle doit poursuivre sa tâche jusqu'à l'émanci-
« pation intégrale des travailleurs.

« Mais si, suivant les évènements qui surgiront, une
« dissolution ou suspens momentané du fonctionnement du
« syndicat devenait inévitable, il devra au préalable être
« nommé en Assemblée générale ou extraordinaire *cinq*
« camarades dénommés syndics qui, après inventaire fait
« et signé par une commission, de l'avoir du syndicat
« (comprenant : Encaisse, Bibliothèque, matériel et archives)
« auront sous leur responsabilté le dit avoir, en attendant
« le moment propice d'un meilleur fonctionnement.

ARTICLE XXVIII

Tous les adhérents recevront, en entrant à la Chambre Syndicale, un livret comprenant les statuts et règlements, la déclaration de principe qu'ils signeront et s'engageront à reconnaître comme devant être la base de leurs droits et devoirs à remplir ainsi qu'un compte ouvert pour leurs cotisations.

« Le livret qui est remis à chaque adhérent, est pour
« lui une pièce justificative qu'il accomplit son devoir de
« citoyen.

Règlement Intérieur

ARTICLE PREMIER

Le présent règlement a pour but de régler la marche intérieure et de maintenir l'ordre dans le sein de la Chambre syndicale.
Chaque syndiqué devra s'y conformer sous peine de radiation.

« Si les statuts exposent le but d'une organisation, le
« règlement intérieur doit définir son fonctionnement.

ARTICLE II

Le silence le plus absolu devra être observé lorsqu'une discussion aura lieu contradictoirement, chacun devant bien se pénétrer que par la force de la discussion on arrive à de bons résultats, lorsqu'on a pour base la question économique et le salaire.

« Il est de rigueur que la plus grande courtoisie doit
« régner dans les discussions, quelque soit la manière de
« penser sur les questions traitées par les différents cama-
« rades y prenant part.

ARTICLE III

Pour le bon fonctionnement de la Chambre syndicale, il sera formé autant de commissions qu'il sera jugé nécessaire : Commission d'Etudes et de Propagande, Juridique, d'Arbitrage, d'Enquêtes, de Surveillance, etc, choisies parmi les camarades des différentes usines.

« Le bon fonctionnement de la chambre syndicale repose
« à sa base sur la nomination de plusieurs commissions
« ayant un caractère intérieur absolu, qui tout en ne possé-
« dant qu'un rôle moral, développent l'étude, forment
« l'éducation des adhérents ainsi quelles facilitent l'asso-
« ciation dans sa marche simple, mais féconde en résultats.

« tant par ses Conférences, sa Bibliothèque, ses études
« professionnelles, scientifiques et de légistation ouvrière,
« ainsi que juridique.

Rôle des Commissions

« *La Commission d'étude et de propagande* a pour
« mission de rechercher et d'étudier toutes les questions
« qui passionnent la classe ouvrière et l'intéresse relative-
« ment à ses droits, à ses devoirs, à ses besoins, en faire
« des rapports et les développer aux assemblées générales
« afin de rendre les réunions sérieuses et importantes,
« initier les travailleurs à toutes les choses les concernant,
« en tant qu'êtres humains exploités.

« La commission rédigera des articles de principes ou
« d'actualité sur les événements surgissants, examinera
« ceux qui lui seront soumis, afin qu'ils soient publiés avec
« son assentiment dans la presse syndicale.

« La commission examinera ou rédigera tout ce qui sera
« utile à la propagande pour la chambre syndicale, par
« l'action syndicale et économique, sur demande de l'assem-
« blée générale ou pour lui être soumis.

« Les différents camarades de la commission devront
« s'habituer à développer leurs rapports devant l'assemblée
« générale pour se familiariser avec la tribune et le cas
« échéant prendre la parole en public pour le bien de la
« propagande.

« La commission étudiera pour communiquer aux assem-
« blées, toutes les inventions dénotant le progrès du
« machinisme et de tout ce qui a trait à la métallurgie, que
« ce soit à l'avantage ou au détriment des ouvriers, afin de
« profiter ou parer aux aléas que l'avenir réserve aux
« travailleurs métallurgistes.

« *La Commission Juridique* est constituée en vue de
« fournir aux camarades syndiqués les renseignements dont
« ils auraient besoin en matière de jurisprudence, et comme
« complément à ses connaissances sur diverses procédures,
« elle a l'appui du conseil judiciaire de la Seine auquel le
« syndicat est adhérent par l'entremise de la Fédération
« de la métallurgie.

« La commission tiendra autant de séances quelle jugera
« nécessaire, soit pour l'étude des diverses lois, arrêtés ou
« décrets qu'elle a besoin de connaître, soit pour examiner
« les affaires qui lui seront soumises.

« Quand les camarades qui seront de permanence se

« trouveront en présence d'un cas qu'ils ignorent ou trop
« important pour se prononcer eux-mêmes, ils convoqueront
« la commission entière pour statuer.

« Entre deux permanences si un fait du ressort de la
« commission se produisait, un membre de la commission
« où le secrétaire du syndicat, si le fait lui est transmis,
« ont droit de la convoquer.

« *La Commission d'arbitrage* est instituée en vue d'un
« conflit ; elle sera composée suivant l'importance du ou
« des faits qu'elle aura à examiner, de deux membres du
« Bureau et de chaque Commission ou bien de tout le
« Bureau et de toutes les Commissions réunis.

« *La Commission d'enquête et de surveillance* a pour but
« de veiller et de se renseigner sur l'inobservation des
« règles de l'hygiène et de la sécurité dans les ateliers et
« chantiers ; les camarades de cette commission seront
« choisis dans cette usine, afin de faciliter la surveillance
« et les enquêtes.

ARTICLE IV

Tout syndiqué, soit par mauvaise foi ou par vengeance, qui
chercherait à nuire à l'organisation syndicale en déblatérant
contre ses membres, sera traduit devant une commission et s'il
est reconnu coupable, sera expulsé sans appel en assemblée
générale.

« Lorsqu'un syndiqué portera une accusation de déloyauté
« syndicale ou d'indignité ouvrière contre un ou plusieurs
« camarades présents à la réunion, il sera tenu d'en fournir
« la preuve immédiatement. Dans le cas où les accusations
« seraient portées contre des membres absents, ils seront
« convoqués pour entendre les accusations portées contre
« eux.

« Les partis compromis dans l'un de ces deux cas n'auront
« plus le droit d'appartenir à la chambre syndicale et seront
« mis à l'index si les délits sont infâmants.

ARTICLE V

Le bureau des Assemblées générales est constitué par elles-
mêmes ; l'Assemblée décidera du mode de vote.

ARTICLE VI

A chaque réunion, pour conduire les débats, il sera procédé à
la nomination d'un *Président renouvelé à chaque séance* ; le
président sera chargé de faire respecter les statuts et le présent
règlement.

Il devra présider avec impartialité à la discussion des questions à l'ordre du jour ou soumises à l'Assemblée.

Il rappellera, *avec convenance*, à l'ordre les camarades qui s'écarteraient de la question traitée.

Chacun obtiendra à son tour la parole lorsqu'il l'aura demandée.

« Ces deux articles montrent que l'on condamne absolu-
« ment le principe d'autorité.

ARTICLE VII

Pour faciliter le fonctionnement de la Chambre syndicale, l'on adjoindra 3 membres, pour le bureau, par usine ; ce nombre pourra être augmenté suivant la progression du syndicat ou l'importance de l'usine ; il sera nommé parmi ces membres un secrétaire-adjoint, un trésorier-adjoint et un archiviste.

« Des camarades de chaque usine doivent prendre part
« à l'administration de la chambre syndicale et à l'exécu-
« tion des décisions des assemblées générales.

ARTICLE VIII

Les attributions des membres auxiliaires du bureau sont les suivantes :

1° Le secrétaire-adjoint relèvera les procès-verbaux de chaque réunion ; *toute décision prise*, tant minime soit-elle, devra être consignée. Un livre spécial sera destiné à cet effet.

Il secondera le secrétaire dans ses autres travaux et le remplacera quand il sera absent.

2° Le Trésorier-adjoint recevra les cotisations qu'il pointera sur les livrets et sur une feuille de perception.

Chaque mois, quand la commission de contrôle aura vérifié les comptes, le Trésorier-adjoint sera dessaisi de ses fonds qui seront versés à la caisse du trésorier.

Il pourra suppléer au trésorier en cas d'absence.

3° L'archiviste aura sous sa garde la bibliothèque, les corres-
pondances, les livres de comptes, de procès-verbaux ou autres objets divers qui ne seront pas à l'usage quotidien de la Chambre Syndicale.

« Il est très utile que, pour le bon fonctionnement, la part
« de besogne que chacun doit remplir soit bien définie, afin
« que rien ne soit omis.

ARTICLE IX

Les membres du bureau, avant d'accepter le mandat que le vote leur aura attribué, devront bien se pénétrer des devoirs que cette situation leur impose.

Les membres des diverses commissions devront prendre bonne note aussi de cet article.

« La fonction de membre du bureau ou de l'une des
« commissions nécessite de la part de celui qui est désigné
« pour l'accomplir une assiduité pour mener à bien l'œuvre
« entreprise par la chambre syndicale.

« Chaque camarade qui accepte une fonction doit donc
« réellement l'accomplir.

ARTICLE X

Lorsqu'à une réunion, un syndiqué demandera une explication sur le fonctionnement de la Chambre Syndicale ou qu'il posera une question sur un fait qui se serait passé ou un bruit qui circulerait, celui de qui le service en relèvera devra lui fournir toutes les explications nécessaires.

Il ne doit y avoir au sein de la Chambre syndicale de mystère pour personne.

« La Chambre syndicale doit comporter l'œuvre de tous
« au profit de tous. Tous les adhérents y sont égaux au
« même titre et doivent être à même de tout connaître.

CHAPITRE III

La déclaration de constitution de la Chambre syndicale fut faite le 4 janvier 1903, son existence était donc un fait accompli moralement, matériellement et publiquement à cette date.

Dès les premiers jours de janvier une certaine effervescence se manifeste aux ateliers des machines à coudre ; les camarades de cet établissement signalent que la direction semblerait chercher un conflit en traquant certains militants pour des raisons futiles. Sur la demande des syndiqués de ces ateliers, deux camarades leur firent des réunions spéciales en vue de leur faire comprendre le véritable rôle du syndicat et des travailleurs organisés ; ils décident d'adhérer à l'Union Centrale.

* *

La première réunion générale de la Chambre syndicale eut lieu le 17 janvier, salle des Fêtes de l'Edifice Communal ; la Commission Administrative élue le 6 Décembre fit part de ses travaux depuis cette date ; elle fut maintenue pour le fonctionnement de l'organisation avec le titre de Bureau du Syndicat et mandat de nommer dans son sein, le secrétaire, le secrétaire-adjoint, le trésorier, le trésorier-adjoint, un archiviste, etc.

Le rapporteur de la Commission unitaire fit un chaleureux appel à l'union des travailleurs métallurgistes pour quoi le syndicat qui venait d'être créé eut une force consciente dans la rude tâche à accomplir pour protéger et défendre les opprimés ; il exposa le but des syndicats, des Bourses du travail, des Fédérations nationales et de la Confédération générale du Travail, puis il fit l'exposé d'une façon nette et précise des statuts et règlement, ainsi que le commentaire de chaque article dans le sens indiqué au chapitre II.

A cette séance, il fut procédé à la nomination de la Commission Juridique. Un camarade propose d'attendre trois mois qui nous permettront de faire face aux dépenses faites ou à faire avant d'adhérer à la Fédération de la métallurgie et à la Bourse du travail. Le rapporteur fait remarquer que le syndicat isolé commet la même faute que l'ouvrier non syndiqué et qu'il est préférable de faire l'adhésion immédiate aux deux, l'effet moral, à l'égard de nouveaux adhérents n'en est que plus considérable. Adopté à l'unanimité.

Un camarade fait part que des élections au Conseil de Prud'hommes devant avoir lieu en Février, il est du devoir des syndiqués de voter pour les candidats présentés par les organisations syndicales, ces camarades étant syndiqués.

Après la séance, les camarades des machines à coudre demandent à soumettre devant le Bureau et la Commission Juridique, la situation existant entre le personnel et la direction ; après leurs explications, *ils se rallient à la proposition* que d'ici huit jours, avec de plus amples renseignements puisés impartialement, il sera adressé à la direction de cet établissement une demande la rappelant à plus de respect à l'égard du personnel ; de plus, une délégation de trois membres ira faire une démarche en ce sens. Si cela n'apportait aucun résultat, l'on aviserait aux moyens de créer une agitation.

Le lendemain, ces mêmes camarades des machines à coudre, qui la veille acceptaient la motion ci-dessus, faisaient de leur propre initiative imprimer pour être placardée autour des ateliers, l'affiche suivante portant le titre du syndicat :

SECTION DES MACHINES A COUDRE

Les ouvriers de l'Usine des Machines à coudre sont priés

d'assister à la Réunion extraordinaire qui aura lieu le 20 Janvier 1903, à 7 heures du soir, Edifice Communal.

Ordre du Jour :

Augmentation générale des salaires ;
Suppression du marc-le-franc ;
Abolition complète du travail aux pièces ;
Discussion sur le renvoi d'un camarade.

Le Secrétaire.

Le secrétaire, apprenant ce fait, convoqua d'urgence le bureau qui décida de confisquer les affiches, réprimanda la conduite des camarades en cette circonstance, car les renseignements puisés prouvèrent qu'il y avait de leur part un emballement irréfléchi, que leurs réclamations étaient par trop prématurées, momentanément, et celle du renvoi d'un camarade ayant des causes extérieures. En outre, il fut décidé que pour remettre les choses en leur véritable sens, il y avait là, dans ces ateliers composés en majorité de jeunes gens, une éducation à y faire, et pour cela, l'on organiserait pour la fin du mois une réunion à la sortie des ateliers où l'on inviterait également les nombreux retardataires à se syndiquer ; l'affiche suivante fut placardée aux abords de cet établissement :

USINE DES MACHINES A COUDRE

Camarades,

Les besoins de s'unir deviennent de plus en plus d'une grande utilité.

Les exigences du patronat sont toujours de plus en plus grandissantes, et l'ouvrier, s'il n'y prend garde, sera obligé de courber l'échine.

Cependant, il existe un moyen de nous relever moralement et dignement : ce moyen, l'entente seule nous le fournira.

En conséquence, vous êtes tous invités à la causerie qui sera faite sur la question syndicale par les principaux militants du syndicat. En sortant de l'usine, ce soir, *Jeudi 29 Janvier*, à six heures, une réunion sera faite salle du restaurant Lamourat. Venez donc avec nous hardiment travailler à l'amélioration du sort de tous, vous ferez votre devoir de travailleur et de bon citoyen.

L'Union Centrale des Travailleurs
métallurgistes de Montluçon.

Cette réunion eut l'avantage, vis-à-vis des non syndiqués, de leur enseigner le véritable esprit syndical et faire dissiper de fausses impressions.

*
* *

L'Union Fédérale des ouvriers métallurgistes de France, au reçu de la demande d'adhésion immédiate formulée par la Chambre syndicale, répondit en exprimant sa satisfaction de voir réaliser la fusion des syndicats métallugistes de Montluçon. Voici un passage extrait :

Paris, 31 Janvier 1903.

Au Camarade Secrétaire de l'*Union Centrale des Métallurgistes de Montluçon.*

Il serait superflu de vous narrer la joie que nous éprouvons à la simple constatation de l'Unité que vous avez réalisée à Montluçon ; puisse votre initiative servir aux autres, etc...

Pour l'*Union Fédérale* et par mandat,
Le Secrétaire : J. L.

*
* *

A la réunion générale du 25 février, le secrétaire fait part que trois délégués ont été choisis provisoirement pour représenter la Chambre syndicale aux séances de la Bourse du Travail de Montluçon. Le choix a été ratifié par l'Assemblée.

Il est donné connaissance d'une lettre de la Fédération de la Métallurgie, avisant qn'un de ses secrétaires fera une tournée de Conférences dans le Midi, en Avril. Si nous voulons profiter de la circonstance, il pourrait s'arrêter à Montluçon ; l'Assemblée décide à l'unanimité d'organiser une grande conférence publique et contradictoire pour tous les ouvriers métallurgistes, à cette occasion.

A cette séance, il est procédé à la nomination de la Commission d'études et de propagande (composée de dix membres), dont le rôle commence à être nécessaire.

Il est demandé à former une section à Désertines, pour faciliter la perception des cotisations et tenir au courant de la situation les nombreux camarades de cette commune ; l'Assemblée approuve et donne mandat au Bureau et à la Commission de propagande, de faire le nécessaire pour organiser une *réunion publique* à Désertines, afin d'inviter les travailleurs métallurgistes de cette localité à se syndiquer à cette section, qui sera adhérente à l'Union Centrale. Cette réunion est fixée au 8 mars. L'affiche suivante fut placardée.

UNION CENTRALE DES TRAVAILLEURS MÉTALLURGISTES DE MONTLUÇON

(Création d'une Section a Désertines)

Camarades,

Le besoin de s'unir est nécessaire. Les exigences patronales sont toujours de plus en plus grandes, et l'ouvrier s'il n'y prend garde, continuera à courber l'échine ; seule, l'organisation syndicale nous permettra de supprimer l'exploitation de l'homme par l'homme.

En conséquence, vous êtes priés d'assister à la *Conférence publique et contradictoire* qui sera faite sur la question syndicale, par les différents militants du syndicat, *le Dimanche 8 Mars, à 3 heures du soir*, salle Tauveron.

Nous comptons sur vous, camarades, pour venir grossir nos rangs, défendre et soutenir nos revendications.

Vive l'émancipation des travailleurs.

Le Syndicat.

A cette réunion où six camarades, tour à tour, prirent la parole, il fut démontré la nécessité de l'action syndicale, tant pour obtenir des améliorations immédiates et tangibles que pour préparer l'évolution sociale, qui, seule nous libérera du joug séculaire sous lequel nous sommes courbés.

***

28 Mars ; à la réunion générale de cette date, vu l'importance que prend la Chambre syndicale, le Bureau est augmenté de quatre membres. Il est ensuite nommé la Commission de contrôle qui procédera à la vérification des comptes.

Est également nommée à cette séance, la Commission d'enquête et de surveillance, qui devra signaler tous les abus contraires à l'hygiène ou à la sécurité des travailleurs dans les diverses usines.

A titre d'éducation et de propagande, il est décidé de faire venir et répandre cent brochures intitulées : Grève générale révolutionnaire et grève générale réformiste (o fr. 10).

Durant le mois de Mars, par souscription et un vote, il est envoyé à deux reprises, des sommes à titre de solidarité, aux métallurgistes en grève de Bessèges.

Un camarade ayant fait mettre à l'ordre du jour la question de l'augmentation du pain, ce sujet est longuement discuté, puis est renvoyé devant la Commission d'étude et la Commission juridique, qui devront faire le nécessaire pour se procurer les documents, afin d'examiner et donner une solution à cette question.

Sur la proposition d'un camarade, il est décidé de s'abonner à un journal financier, afin de se rendre compte de l'évaluation des valeurs de nos exploiteurs.

La Commission d'étude et de propagande donne lecture de l'affiche qu'elle a rédigée, pour faire appel aux travailleurs métallurgistes, à assister à la Conférence organisée pour le 18 Avril, à l'occasion du passage du camarade Latapie, Secrétaire de la Fédération. La rédaction est acceptée et des affiches sont placardées dans la ville. Voici le texte :

CONFÉRENCE
PUBLIQUE ET CONTRADICTOIRE

Avec le concours du camarade Latapie, Secrétaire de l'Union Fédérale des Ouvriers Métallurgistes de France, le Samedi 18 Avril, à 8 heures du soir, Salle de l'Edifice Communal.

Sujet : L'Unité Ouvrière, Les Droits et les Devoirs des travailleurs et l'action syndicale.

Camarades Métallurgistes,

Vous êtes invités à assister à cette Conférence publique pour y écouter développer les sentiments d'union qui devraient animer les travailleurs de notre corporation, de notre localité.

Quel magnifique résultat acquis, camarades, si tous nos frères dissidents, unissant leur misère à la nôtre, arrivaient à reconnaître qu'une action économique, méthodique et soutenue, basée sur le respect de l'ensemble des intérêts généraux, faisait place à toutes ces querelles d'enfants qui nous divisent.

Le moment est venu de se syndiquer ; la situation et l'avenir de l'ouvrier dans la société actuelle l'impose.

Venez donc sans faiblesse à la Conférence qui, pour vous, sera un bon enseignement, et après, nous sommes convaincus que vous viendrez avec nous, travailler à l'amélioration du sort de tous et vous ferez ainsi votre devoir de travailleurs et de bons citoyens.

L'Union Centrale des travailleurs métallurgistes de Montluçon.

Nota. — Cette Conférence est organisée pour tous les travailleurs métallurgistes sans exception.

La Conférence que fit le camarade Latapie, produisit un excellent effet, et les camarades métallurgistes venus nombreux pour l'écouter, emportèrent un bon souvenir de l'exposé de la situation qu'il sut présenter d'une façon compréhensible, et des moyens simples à accomplir qu'il indiqua pour y remédier. Il flagella les jaunes d'une façon magistrale, démontrant leur non-sens, leur nullité, qu'ils ne pourront jamais être un danger à nos organisations, ils sont voués à l'impuissance, leur naissance est éphémère. Il développa ensuite une méthode d'action contre l'exploiteur, *les esprits frappeurs* et l'assistance fut charmée de ce moyen facile de se venger contre des exactions patronales

Le lendemain, dimanche, à 9 heures du matin, il fit un causerie spéciale et intime pour les syndiqués métallurgistes où il exposa certains points de tactique.

* *

25 Avril. Le temps manquant pour convoquer une réunion extraordinaire du syndicat, par suite de la réunion du 18 Avril, le Secrétaire avait invité les diverses Commissions et le bureau pour statuer sur une lettre du Secrétaire de la Bourse du Travail de Montluçon, avisant le Syndicat qu'à l'occasion du 1er Mai, il y avait une délégation qui se rendrait de la rue Damiette à la Mairie, pour y soumettre aux pouvoirs publics les *desiderata* des ouvriers.

Une discussion calme et courtoise s'engage entre les membres du Bureau des diverses commissions et des syndiqués présents sur l'attitude du syndicat en le circonstance et à *l'unanimité des membres présents*, il est rédigé sur place et décidé d'envoyer la lettre suivante à la Bourse du Travail :

Au Secrétaire de la Bourse du Travail

Camarade,

Relativement à la décision de la Bourse du Travail, concernant le 1er Mai, je suis chargé de vous faire part que le Samedi 25 Avril, le Bureau et les Membres des diverses Commissions tenant permanence, ont d'un commun accord, décidé à l'unanimité au nom de la Chambre Syndicale :

1° D'affirmer notre solidarité avec les travailleurs du monde entier à l'occasion du 1er Mai ; reconnait le bien-fondé des revendications formulées par la Bourse du Travail de Montluçon, qui sont communes à tous les travailleurs internationalement et notre ardent désir d'en poursuivre la réalisation.

2° Déclare ne pouvoir s'associer moralement ni matériellement
à la démarche faite par la délégation qui se rendra auprès des
pouvoirs publics pour y soumettre ces revendications.

Recevez nos salutations fraternelles.

Pour et par mandat : Le Secrétaire.

* * *

16 Mai. La Fédération de la métallurgie annonce qu'elle
organise une tombola pour réaliser les sommes nécessaires
afin que chaque syndicat puisse se faire représenter par
un délégué au Congrès qu'elle organise et qui se tiendra
en Septembre. La Fédération demande celles des organisations qui veulent fournir des lots ; il est décidé que l'on
offrira trois lots, mais qu'ce soient des produits d'origine
montluçonnaise.

Il est voté une somme en faveur des métallurgistes de
Monthermé qui sont en grève. A cette séance, il est décidé
de faire des réunions de chaque usine pour amener les
camarades qui n'ont pas encore répondu à nos appels, à
venir adhérer à notre Chambre syndicale sans retarder.

La section de Désertines fait la proposition de réclamer
au sujet des cadres à médailles servant aux entrées et sorties
des ouvriers de l'usine St-Jacques ; ces cadres forment un
couloir trop étroit, amenant un retard, une gêne et des
risques d'accidents. L'affaire sera examinée.

Un camarade donne lecture d'un extrait du rapport du
Conseil d'Administration de la Cⁱᵉ Châtillon-Commentry
et un aperçu de la situation financière. Les actions montent
de plus en plus et les dividendes sont fort rémunérateurs ;
il y a hausse continuelle malgré le chômage qu'ont subi
depuis deux ans à Montluçon, les ouvriers de cette Compagnie.

Le camarade rapporteur des Commissions de propagande
et juridique donne lecture du rapport relativement aux
augmentations successives du prix du pain ; après cet
exposé, il est décidé que ces Commissions désigneront
parmi eux une sous-commission chargée de s'aboucher
avec le syndicat des boulangers, pour en obtenir si possible,
que le pain ne subisse pas des augmentations si rapides.

* * *

Le président du syndicat des boulangers répondit à notre
demande d'entrevue qu'ils acceptaient un entretien avec
quatre de nos délégués pour le 26 mai ; à cet entrevue les

ulangers étaient au nombre de onze, pensant sans doute
influencer la délégation ouvrière :

Dès les premières paroles l'on comprit que les boulangers
étaient obstinés à ne rien céder et semblaient même ne pas
vouloir entrer dans le fond du sujet, se retranchant toujours
derrière des réponses évasives, ils avaient pensé nous
convaincre en un quart d'heure que les augmentations de
pain étaient légitimes, mais force leur fût d'écouter et cela
pendant deux heures et demie l'exposé que leur fit la
délégation ouvrière sur la situation, leur montrant : 1º que
depuis deux années la classe ouvrière, à Montluçon,
subissait un chômage, et que les boulangers feraient une
bonne action en patientant encore un mois sans augmentation du prix du pain, que certainement les farines allaient
diminuer sous peu (en effet moins de deux mois après la
baisse se faisait sentir) qu'il n'y aurait pas là un grand
préjudice et qu'ils donneraient par ce bon mouvement une
bonne opinion d'eux au public. La délégation ouvrière leur
expliqua que deux mobiles leur donnaient droit de
s'intéresser au prix du pain ; outre que c'est une question
économique, ils montrèrent : 1º un arrêté municipal de 1885
(que les boulangers ignoraient) disant que la taxe est
supprimée, et que le prix du pain sera librement débattu
entre le boulanger et le consommateur ; donc à titre de
consommateur nous nous y intéressons ; 2º à titre d'organisation ouvrière, nous réclamons contre une organisation
patronale dont les décisions nous causent un préjudice.
Pour défaite les boulangers arguèrent qu'ils ne pouvaient
diminuer le prix du pain devant les hausses successives des
farines ; il leur fut alors montré cet exemple, que nous
organisation ouvrière faisions immédiatement face à ceux
qui nous exploitent et nous pressurent, alors que eux
organisation patronale au lieu de faire face à ceux qui leur
augmentent les matières nécessaires à l'exercice de leur
profession, ni même faire d'objections démontrant que
c'est un acte illégal, augmentent le prix de leurs produits
qui vient peser sur le dos des malheureux qui sont pressurés
par tous et de toutes façons.

Les boulangers reconnurent sincèrement que les coups
de bourses sur les grains et farines étaient malhonnêtes et
pouvaient être assimilés à des vols, ils se rallièrent à la
proposition de la délégation ouvrière de lancer une protestation publique dans la presse et à travers la France pour
soulever l'opinion contre ces forfaits.

La protestation suivante fut livrée à différents journaux locaux et de Paris :.

LE PAIN CHER

La Chambre syndicale l'Union centrale des Travailleurs Métallurgistes de Montluçon s'est émue avec juste raison de l'augmentation successive et rapide du prix du pain.

Le pain étant la matière première nécessaire à l'alimentation de la race humaine, il y a donc lieu de s'étonner que nos dirigeants se soucient si peu de connaître et de chercher à remédier au préjudice que causent aux travailleurs ces augmentations brutales que rien ne justifie sinon que les accapareurs veulent par une prétendue disette imaginaire des grains, faire une spéculation honteuse sur les populations.

Les hausses successives des farines sont les conséquences d'un agiotage dont l'esprit et l'effet sont des vols criminels, et sont des attentats à la vie des citoyens qui devraient être sévèrement punis.

Le Syndicat de la boulangerie se joint à nous pour protester publiquement contre un tel état de choses dont on déclare le gouvernement responsable puisqu'il approuve et favorise par sa tolérance de si funestes spéculations. Que leur importe à ces messieurs (dirigeants et spéculateurs) que les travailleurs en souffrent. Eh bien il ne faut pas que cela continue ainsi, il faut prouver à ces bourreaux que nous ne nous laisserons pas faire, que nous ne voulons pas subir la faim de par leur bon plaisir.

Il faut que de toutes parts des protestations et r on des plaintes s'élèvent et viennent troubler la quiétude de ces affameurs, il faut par une campagne énergique vouer au mépris public les auteurs de tels forfaits, il faut par notre attitue obliger nos gouvernants à employer tel moyen qu'ils puissent réprimer ces spéculations, soit en enlevant le droit d'entrée des blés, soit en le diminuant soit encore en réglementant les cours pour ne plus être à la merci de ces fluctuations honteuses et inhumaines, en attendant que, produisant nous-mêmes, nous fassions la répartition nous-mêmes.

L'Union centrale des Travailleurs
Métallurgistes de Montluçon.

Le 30 mai il fut tenu une réunion aux Illes, dont l'invitation avait été faite par lettre de convocation , dans cet important quartier habitent de nombreux métallurgistes, et notamment de l'usine des fers creux ; un membre du bureau, un de la commission de propagande et un de la commission juridique prirent tour à tour la parole et surent exposer d'une façon parfaite le but et l'action des organisations dans la société actuelle, il y fut fait une image de ce que serait la société future et du rôle prépondérant qu'aurait au lendemain de notre libération, les syndicats, à seule fin d'organiser la production et une équitable consommation par le seul jeu des syndicats, bourses du travail, Fédérations et la Confédération Générale du Travail. Cette thèse fut fort goûtée et appréciée par l'assistance.

Le 7 Juin fut tenue la 1re Conférence fixée par le 2º § de l'art. 23 ; Le sujet choisi fut les Coopératives de consommations ; elle produisit un très bon effet, car les camarades étaient venus nombreux, ayant été convoqués individuellement ; il fut donné un aperçu du mode de fonctionnement des coopératives à base humanitaire Suisses ou Belges comparativement aux sociétés françaises, dont la plupart ont un fond d'égoïsme, n'y pratiquant que l'intérêt individuel.

A cette conférence, il fut mis en relief la valeur morale des sociétés essentiellement ouvrières dont le principe est et doit être une bienfaisante solidarité en face de la cruelle destinée des travailleurs.

Le 20 il fut discuté la question de la participation au Congrès national de la Métallurgie ; après explications par divers camarades il est décidé de s'y faire représenter par un délégué ; de plus l'ordre du jour du Congrès comportant cinq questions il est nommé une commission de cinq membres dont chacun fera un rapport, sur une des questions soumises ; les rapports devront être lus aux réunions générales précédant le Congrès, afin qu'il puisse être donné un mandat au délégué.

Il est ensuite proposé d'adresser une lettre à chaque Directeur ou Chef d'Industrie métallurgique de Montluçon, pour leur faire connaître notre vitalité, il est de toute évidence qu'ils sachent à qui ils auront à faire avant de leur formuler des réclamations ; cette manière d'opérer est adoptée.

A cet effet la lettre suivante fut envoyée le 14 Juillet :

A Messieurs les Chefs d'Industrie :

Monsieur le Directeur de

Conformément au désir exprimé en notre dernière réunion générale, nous avons l'honneur de vous adresser ci-joint un exemplaire des statuts de notre association, et ce afin que l'administration sache qu'à la date du 1er Janvier 1903 toutes les chambres syndicales ouvrières métallurgistes de Montluçon ont fusionné pour faire place à une organisation unique, concentrant tous les éléments et réalisant ainsi cet esprit d'union que tous avaient désiré.

Loin de nous la pensée de créer une agitation déplacée : nous venons simplement vous rappeler notre existence légale.

Les syndicats ont pour but, l'étude et la défense des intérêts économiques des travailleurs, éviter les conflits entre ouvriers et patrons en régularisant les rapports, dont le devoir du patron est d'examiner le bien-fondé, et l'intérêt l'ouvrier d'être conscient, sans exigences exagérées ne réclamant que ce que le bon sens et la justice lui peuvent accorder.

Recevez, Monsieur le Directeur, l'assurance de notre parfaite considération.

Par mandat, Le Secrétaire. —

Cette lettre ne fut pas écrite en vain, elle reçut réponse accusant réception de la communication des statuts et de l'existence de la Chambre Syndicale.

En Juin, il fut envoyé des sommes votées et souscrites en faveur des grévistes de Savonnières.

Il fut décidé, pour faciliter l'éducation des adhérents, de voter une somme de 10 fr. par mois pour alimenter la Bibliothèque.

Juillet. Le samedi 4, il fut fait une conférence anti-militariste ; à son issu il fut décidé de ne pas prendre part aux élections au Conseil supérieur du Travail (à l'unanimité).

Le 18, la Commission de Contrôle adresse dans son rapport des félicitations au Trésorier sur l'exactitude et la bonne tenue de la comptabilité ; l'assemblée se range à l'idée d'un camarade qui vient émettre l'avis qu'il est superflu d'adresser des louanges à ceux qui font leur devoir, car l'approbation par l'Assemblée de leurs actes prouve qu'ils ont l'estime des syndiqués, et lorsqu'une commission de contrôle ne relève ni erreur ni irrégularité, qu'elle constate et signale une bonne gestion, cela équivaut à un brevet de probité.

Les délégués à la Bourse du Travail rendent compte que sur leur proposition, la Bourse va sortir de son état anémique, que pour cela il y aurait tous les trois mois une conférence publique par des orateurs de la Confédération générale du Travail ; la 1re aura lieu le samedi 1er Août avec le concours du citoyen Yvetot, secrétaire de la Fédération des Bourses du Travail de France et des Colonies. À la suite de cette conférence, il a été constaté une plus grande affluence d'adhésions au Syndicat.

A cette séance le droit d'entrée a été déclaré supprimé.

Relativement à l'envoi d'un délégué au Congrès de la Métallurgie, il est décidé de faire une demande de subvention à la Municipalité, en leur exposant que ce Congrès offre pour toutes nos professions un intérêt considérable; il porte à son ordre du jour des questions qui passionnent tous ceux qui tendent à donner à la classe ouvrière plus d'éducation, plus de bien être une subvention de 100 fr. fut accordée pour y déléguer un de nos membres.

Le 19 est passé un camarade du syndicat métallurgiste du Boucau; cette localité voulant lutter contre une diminution de salaire en perspective il est chargé de recueillir à travers la France les indications sur les conditions du travail et de salaires dans les forges et laminoirs; des renseignements précis lui furent fournis.

22 Août. La Commission désignée donne lecture des rapports faits sur les questions à l'ordre du jour du Congrès, qui se tiendra les 16, 17, 18, 19 et 20 Septembre; après délibération un avis a été émis sur chacune des questions suivantes qui doivent y être traitées :

1. Institution du viaticum pour les adhérents de l'Union Fédérale ;

2. Création de caisses de solidarité indépendantes dans chaque syndicat fédéré ;

3. La Coopération de production et de consommation ;

4. Des moyens à employer pour faire aboutir nos revendications ;

5. La propagande et le Secrétariat ;

6. Unification des statuts des syndicats adhérents à l'Union Fédérale ;

7. De l'utilité ou de la non utilité de la caisse des grèves.

Après avoir examiné tous les points de l'ordre du jour, le secrétaire est élu à l'unanimité pour nous représenter au Congrès et prendre part aux débats dans le sens indiqué par l'Assemblée et déposer les rapports dont il est nanti, les deux principaux sont ceux des 4e et 6e questions; celui de la 4e question présentant un intérêt spécial nous croyons utile qu'il figure ici.

Rapport

présenté au XIe Congrès National de la Métallurgie
sur la 4e question

DES MOYENS A EMPLOYER POUR FAIRE ABOUTIR NOS REVENDICATIONS

S'il est une question posée au Congrès qui doit captiver l'attention des délégués et dont les organisations atttendent impatiémment une solution, c'est bien celle *des moyens à employer pour faire aboutir nos revendications*. Combien de projets vontils être déposés, combien d'idées vont-elles être émises, et dans tout cela combien y a-t-il de moyens indiqués qui seront *pratiques*, car il faut bien s'entendre et se comprendre, ce sont des moyens pratiques qu'il faut surtout s'attacher à rechercher pour des mises en application qui permettent d'avoir chance de réussite,

Nous allons essayer d'émettre notre appréciation, qui nous semble contenir des indications d'une certaine utilité.

Le devoir de tout travailleur est de coaliser ses intérêts avec ceux de ses collègues afin que par l'union il les fasse aboutir, c'est-à-dire en se syndiquant.

Quel est en compensation le devoir du syndicat ? Il se manifeste par un effort continu sur trois points :

1º Recruter le plus d'adhérents possible ;

2º Faire une bonne éducation dans ses réunions, par des conférences publiques ou privées, par des causeries qui soient intéressantes et attrayantes, enseigner à ses adhérents les devoirs à remplir, les droits à défendre, et en faire des citoyens conscients ;

3º Étudier, défendre et améliorer les intérêts de ses adhérents, c'est-à-dire par une étude approfondie, revendiquer leur droit à une meilleure situation. L'étude et le but final du syndicat s'étendent beaucoup plus loin, mais pour l'instant nous n'examinerons que les moyens à employer momentanément.

Pour formuler des réclamations ou revendications au patronat, un syndicat doit réunir les conditions suivantes : ou il sera fort en nombre d'adhérents et parconséquent il peut plus aisément, ayant davantage de moyens à employer ou à imposer pour en obtenir satisfaction ; ou bien il sera faible en nombre d'adhérents et alors il devra suppléer aux éléments qui lui font défaut par un moral énergique, si il veut obtenir des améliorations.

Le syndicat puissant ou non, peut, comme moyen, appliquer quand cela est nécessaire, le Boycottage ; il peut aussi, quand il y a lieu et le moment propice, faire application de l'Action directe.

Le Sabottage est quelquefois praticable en collectivité, mais à notre point de vue il est bien plus tôt du ressort de l'action individuelle.

Quand à la grève partielle, nous considérons que c'est une arme très difficile à manœuvrer ; elle est parfois dangereuse, parfois nécessaire, nous ne pouvons donc ni la conseiller ni la déconseiller, ce ne sont que les évènements ou les faits qui surgissent qui peuvent permettre d'apprécier si elle sera évitable ou inévitable, utile ou nuisible.

Tout syndicat, même faible, mais animé d'une mâle énergie, doit exiger que toute réclamation, de quelle nature quelle soit, doit être faite en réunion générale, afin que nul adhérent n'en ignore et soumise à l'examen d'une commission pour que toute son importance et aussi ses conséquences soient examinées; il faut s'entourer de tous les renseignements utiles et nécessaires afin qu'elle ne soit pas faite à la légère et en démontrer irréfutablement le bien fondé.

Si par suite d'une revendication formulée il n'était pas donné satisfaction, ou bien pour appuyer la dite réclamation, il faudra rechercher des atouts dans son jeu qui puissent influer sur l'amour-propre patronal ou sur ses considérations. Un des moyens est d'en saisir l'opinion publique, cela est souvent très désagréable au patronat de voir dévoiler son inhumanité, ainsi que ses malhonnêtetés, et arriver ainsi à lui suggérer l'idée d'une transaction quand ce n'est pas une capitulation. L'on doit chercher à donner à cette pression publique le plus d'extension possible, soit en les harcelant dans la presse, soit en publiant sous forme de prospectus, en feuilles volantes et à profusion, dans toute la région et au-delà, la demande qui sera faite ou à faire, la commenter ou faire suivre de toutes les réflexions jugées utiles. Cela aura aussi l'avantage d'initier le public qui pourra ainsi nous être favorable et démontrera la mauvaise foi du patronat, s'il ne fait aucune concession.

Il y a aussi les manifestations, secondées parfois par d'autres corporations qui peuvent produire un bon effet moral et matériel.

Maintenant, si de la part du patronat, d'une façon préparée ou soudaine, il était porté atteinte à la sécurité morale, pécuniaire ou matérielle des travailleurs par une ou des mesures vexatoires offensant la dignité ouvrière et humaine, avant de sortir de l'établissement et rompre le contrat, mettre en application *une Action ultra-directe*.

En présentant ce modeste rapport au Congrès, nous avons pensé que peut-être notre manière de voir pouvait avoir quelque chose de pratique.

Nous serons satisfaits si nous avons pu émettre une idée qui fut utile et nous aurons une non moins grande satisfaction à profiter de ce que certaines organisations nous enseigneront de meilleur.—

*L'Union Centrale des Travailleurs
Métallurgistes de Montluçon.*

Le 3 Octobre devant un public nombreux, notre délégué au Congrès, assisté du camarade qui nous représente depuis quatre mois aux séances du Comité Fédéral de la Fédération de la Métallurgie et qui se trouvait de passage à Montluçon rendit compte des travaux du Congrès, dont l'importance des choses traitées et le grand nombre des délégués qui y assistaient lui donnent un relief considérable ; le compte-rendu qui en fut fait a été écouté attentivement et fort apprécié ; à cette réunion il fut distribué lo brochure anti-militariste intitulée *Nouveau Manuel du Soldat* dont le délégué avait été chargé de rapporter 500 exemplaires, qui, d'ailleurs, ne suffirent pas ; il f. lut en faire une nouvelle commande.

A la tombola du Congrès, trois numéros sortirent parmi les billets placés par le syndicat.

A la réunion du 17, les délégués à la Bourse du Travail rendent compte de leur mandat ; sur leur proposition une permanence y a été instituée trois jours par semaine et une demande de subvention de 2.000 francs a été faite pour y assurer une permanence journalière.

Une somme est votée pour les grèves du Nord.

Il est rappelé aux jeunes adhérents qui doivent partir au régiment, d'aviser le bureau avant leur départ et d'envoyer leur adresse aussitôt arrivés. afin de bénéficier du « Sou du Soldat » institué par l'article 22 des Statuts ; l'on profite du sujet pour parler du militarisme au point de vue ouvrier, du devoir du syndiqué devenu soldat.

Il est également donné lecture du Bilan de la Compagnie Châtillon-Commentry pour 1902-1903 ; il est décidé de faire publier cette état financier dans la Presse locale.

Il est fait un petit compte-rendu sur l'administration du Fonds de secours de l'Usine Saint-Jacques, la suppression des secours extraordinaires aux blessés en Juin et aux malades en Octobre ; ces secours facultatifs étaient sujets à erreur, ils seront remplacés par une augmeutation de 0,50 centimes pour chaque journée de maladie.

Sur l'étude faite relativement à la situation des ouvriers chauffeurs de la Ville-Gozet il est décidé d'écrire à la Direction pour y remédier.

Au nom du bureau, il est proposé de célébrer l'anniversaire de la fondation du syndicat par une fête ; la proposition est adoptée et une Commission est nommée pour l'organiser.

Un camarade demande quel sujet l'Assemblée choisit pour la conférence du 1er samedi de Novembre, il y a quatre sujets importants à traiter qui sont à l'étude ;

1º La loi sur les accidents du travail.

2º L'esclavage antique et l'esclavage moderne.

3º Le Nationalisme et l'Internationalisme, au point de vue social (exempt de politique et patriotisme.)

4º Les retraites ouvrières.

Il est décidé que la Commission juridiqus fera l'exposé de la loi sur les accidents du travail.

Le 24, les Commissions se réunissent pour examiner le fait qu'un réglement arbitraire a été apposé pour le service des laminoires à l'usine St-Jacques, signé Orfila ; trois propositions sont faites, celle qui prévalut, fut de livrer le dit réglement à la presse suivi d'un commentaire.

Le 7 Novembre fut faite une conférence sur la loi sur les accidents du travail ; il est fait longuement l'exposé de l'esprit trop ignoré de la loi, ainsi que de ses nombreuses imperfections dont la principale est que l'indemnité ne vient même pas compenser de 50 pour 100 le préjudice encouru ; aussi, faut-il que le travailleur blessé y veille bien pour ne pas se voir frustrer davantage par la rapacité patronale ou les C^{tes} d'assurances. Le premier soin du blessé est d'aller ou envoyer prendre à la Mairie, copie de la déclaration d'accident et du certificat médical envoyé par le patron, si la déclaration relatant les circonstances dans lesquelles est survenu l'accident, n'est pas conforme : il est du devoir du blessé d'en faire une à son tour, de même si le certificat médical ne paraissait pas indiquer suffisamment la nature et les conséquences profitables de la blessure, il y a lieu et cela est important de faire faire un certificat médical par un docteur de son choix, relatant tout ce que comporte ou peut entraîner la blessure. En outre, tout blessé (même s'il y a un médecin attaché à l'établissement où il s'est blessé), a le droit absolu de choisir son médecin, de même les frais encourus pour la guérison de la blessure (médecin et pharmacien du choix du blessé), sont entièrement à la charge du patron.

Tout ouvrier blessé, a droit à une indemnité journalière égale à la moitié du salaire quotidien touché au moment de l'accident, ainsi que l'indique la circulaire ministérielle du 24 août 1899, relative à l'application de la loi du 9 Avril 1898, comme vient le confirmer l'arrêt de la Cour de cassation du 29 Mars 1901, stipulant bien que cette indemnité journalière est due à partir du cinquième jour pour tous les jours, fêtes et dimanches compris (du ressort du juge de paix).

L'ouvrier doit faire constater sa blessure tant minime soit-elle, aussitôt l'accident survenu.

Pour une incapacité temporaire, après consolidation de la blessure, il n'est dû aucune indemnité.

Pour une incapacité partielle et permanente, le juge de paix doit faire une enquête, lorsque cette enquête est terminée, s'en faire délivrer copie, afin de voir si elle a été faite impartialement. Qnand la blessure parait consolidée, le blessé est appelé en conciliation jusqu'à ce que la blessure n'inspire plus d'inquiétude ; il faut bien s'enquérir de ce que la perte subie donne droit avant d'accepter les offres faits en conciliation. Une incapacité partielle et permanente donne droit après consolidation, à une pension égale à la moitié de la réduction physique que la blessure aura fait subir, nulle pension au-dessus de 100 francs ne peut être convertie en capital. Si, en conciliation de l'offre faite par le patron et de la demande de l'ouvrier il n'y ait accord, le président du tribunal civil qui est médiateur en la circonstance, fait un procès-verbal de non-conciliation et l'affaire suit son cours ; c'est la loi elle-même qui poursuit la procédure pour une fixation devant le tribunal civil. Pendant et pour toute la durée de procédure, le blessé a droit à son indemnité journalière. Si l'indemnité journalière ne suffit pas pour subvenir aux besoins de la victime par suite d'une longue procédure, le blessé a droit de se faire délivrer des provisions complémentaires venant s'ajouter à son indemnité journalière.

Pour toute la procédure, Justice de paix, conciliation, tribunal civil, cour d'appel, cour de cassation, à toutes ces juridictions, la victime d'un accident du travail ou ses ayants droit, jouissent gratuitement de l'assistance judiciaire.

Pour une incapacité absolue et permanente, la victime a droit à une rente égale aux deux tiers de son salaire annuel.

Lorsque l'accident est suivi de mort, il est dû une rente à la veuve et aux enfants âgés de moins de 16 ans, si là.

victime n'a ni conjoint, ni enfant, les ascendants à sa charge reçoivent une rente.

Toutes ces rentes sont calculées d'après le salaire annuel; pour ce fait, il est très utile à chaque travailleur de prendre en note son salaire, de façon qu'en cas d'accident, l'on ne puisse lui mentionner un salaire annuel inférieur, afin que sa rente soit amoindrie.

Si aucune action n'est intentée dans le délai d'une année, la victime d'un accident perd ses droits, car il y a prescription à cette date.

Pour tous renseignements, indemnités, rentes, procédure judiciaire, venir consulter la Commission juridique de la Chambre Syndicale.

*
* *

19 Novembre. A cette réunion générale, le Secrétaire donne lecture de la lettre écrite à M. le Directeur des Usines St-Jacques, relative à la situation des ouvriers chauffeurs de chaudières de la Ville-Gozet ; quelques jours après, le Directeur fit appeler le Secrétaire l'assurant de sa bienveillance pour le personnel, qu'il examinera toujours attentivement les réclamations que lui adressera le syndicat, qu'aucun grief ne sera fait à ce sujet, comme aux réclamations individuelles. Le Secrétaire dit avoir une bonne impression de cette entrevue.

Les camarades chauffeurs racontent ensuite que le chef de service des ateliers de la Ville-Gozet les a fait appeler les uns après les autres, leur disant qu'ils s'étaient montés le cou, qu'il ne leur donnerait pas satisfaction et divers autres propos en émettant des réflexions ne lui faisant pas honneur ; il fut décidé de faire réponse à ce chef de service par la voix de la presse.

Il est décidé de faire une brochure de propagande contenant de 30 à 40 pages d'une valeur de 0 fr. 10, chaque syndiqué et tout nouvel adhérent sera tenu d'en possséder un exemplaire, cela remplacera le droit d'adhésion. Cette brochure relatera l'historique du syndicat, le commentaire des statuts et un résumé des travaux du syndicat dans sa 1re année d'existence.

Il est décidé que les propositions de réclamations devant être faites en réunion générale seront renvoyées à une commission ; la discussion est toujours plus facile et mieux éclairée ; de plus tout auteur d'une réclamation sera partie de droit de la délégation qui présentera et défendra les dites réclamations devant le patronat.

Le bureau sera renouvelé en Décembre et entrera en fonctions le 1er Janvier 1904.

Il est décidé qu'à la réunion générale de Décembre, il sera fait l'exposé d'un programme minimun de la Chambre syndicale réalisable dans la société actuelle.

Il est voté une somme pour les victimes des bureaux de placements.

La fête syndicale qui devrait être en Janvier est repoussée jusqu'en Mars, un camarade fait remarquer qu'à cette fête une conference y sera faite et que pour le programme théâtral, l'on devrait éviter des morceaux révolutionnaires. A cette objection il est fait la remarque suivante, à laquelle s'associe l'Assemblée. Si nous faisons une fête syndicale, c'est pour donner aux familles des syndiqués une soirée éducative et récréative, nous n'avons pas à cacher nos conceptions et le moment est bien choisi pour les exposer dans leur simplicité et dans leur bonté. Ce mot de révolution que l'on nous dit de ne pas prononcer doit cesser d'avoir un air d'épouvante, il faut absolument le présenter sous son véritable jour et dans son véritable sens, le dépouiller de ce qu'on lui prête d'exagération.

L'évènement qui amènera la transformation de la société, le choc qui bouleversera le régime administratif, ou, sous les efforts de faits révoltant l'opinion publique et la conscience du peuple, renversera tout ce que le régime d'exploitation à outrance contient d'absurde et d'inhumaine répression; le cataclisme qui précipitera ou amènera la société à se transformer, ne peut se qualifier autrement que sous le nom de révolution.

Ici une explication est absolument nécessaire sur ce mot qui n'a pas lieu d'effaroucher.

Révolution ne veut pas dire mettre à feu et à sang comme certains croient et que les plus ou moins opportuno-réacteurs aiment à répandre pour donner le change et tromper la masse populaire.

Toute chose qui subit une transformation de fond en comble, ou un changement qui la modifie dans sa raison d'être, fait immédiatement dire en cette circonstance, *qu'une révolution vient de s'accomplir, par suite des avantages importants* qui résultent de cette transformation.

Ce qualicatif Révolution est un mot s'appliquant à des faits ou à des choses, exemple : l'on a dit la révolution dans la machine à coudre, par suite d'une fabrication plus rapide et moins onéreuse; la révolution dans la bicyclette et l'automobile, c'est son système rapide et simplifié de fabrication qui est ainsi qualifié; la révolution dans la fabrication et la vente des effets d'habillement, c'est son immense quantité fabriquée et lancée sur les marchés avec leur modicité de prix qui est ainsi dénommée.

Révolution est donc le mot qui signifie l'acte accompli par lequel on a réalisé une amélioration profonde et profitable par une transformation.

Ce que nous désirons en tant que travailleurs, c'est l'amélioration de notre sort individuellement, mais nous vivons sous un régime où l'existence de chacun de nous n'est pas assurée, il faut certainement qu'un changement s'opère, il faut à l'exploité une suffisance qui lui permette de vivre ; à qui s'adresser et de qui l'obtenir, sinon à ceux qui profitent des capitaux et intérêts que produit le travail sous ses formes diverses.

Il y a donc là, inégalité, il y a donc là, contradiction du droit humain, puisque la société favorise une catégorie d'hommes au détriment d'une plus grande partie, l'une la classe possédante et exploitante, l'autre la classe travailleuse dépossédée, mais exploitée.

Les intérêts sont donc absolument opposés et pour que la solution soit résolue d'une façon équitable entre les êtres humains ayant droit à la vie, il faut combler le fossé et niveler ces deux classes, c'est en un mot l'expropriation de ce qui est aujourd'hui propriété individuelle et qui deviendra propriété commune.

En attendant, sous les efforts des syndicats, toute revendication faite, toute amélioration obtenue par les travailleurs, sont de petites expropriations puisque c'est une partie extraite des privilèges du capital reportée sur le travail.

Voici ce que tout travailleur doit savoir.

Il est décidé que samedi 5 Décembre, il sera fait une conférence au syndicat sur la loi de 10 heures.

Le bureau fait part que la Bourse du travail organise pour le 28 Novembre une réunion publique avec le concours du camarade Robert secrétaire de la Fédération des peintres ; cette réunion est pour seconder le mouvement entrepris de faire l'éducation syndicale des travailleurs.

∴

Le 5 Décembre il fut tenu une réunion extraordinaire du syndicat, ayant pour objet : Les élections aux Fonds de Secours de l'usine Saint-Jacques et la loi de 10 heures.

Il fut choisi sans difficulté des camarades comme candidats aux fonctions de délégués aux Fonds de Secours.

Un camarade de la commission juridique expose la portée de la loi du 30 Mars 1900, dite loi de 10 heures.

De tous côtés, dit-il, sentant l'approche du 1er Avril 1904, échéance de l'application de cette loi, l'on écoute, les travailleurs émettant diverses réflexions, faisant des suppositions toutes plus erronnées les unes que les autres, car aucun ne connait le caractère de cette loi.

Le syndicat est en quelque sorte une école, et ses commissions ont pour mission de favoriser l'éducation de tous ses adhérents, la commission juridique surtout a une tâche très ardue pour remplir sa mission, car les lois et les procédures de la jurisprudence comportent tout ce qu'il y a de plus épineux dans la société, néanmoins sans être juris-consulte nous les affronterons hardiment dans l'intérêt de l'organisation.

Les lois, dites de protection ouvrière, qui réglementent actuellement le travail en France, sont les suivantes :

1° La loi du 9 Septembre 1848, relative aux heures de travail dans les usines et manufactures ;

2° La loi du 2 Novembre 1892 sur le travail des enfants des filles mineures et des femmes dans les établissements industriels ;

3ª La loi du 30 Mars 1900 qui modifie ces deux lois ;

4° La loi du 12 Juin 1893 concernant l'hygiène et la sécurité des travailleurs dans les établissements industriels ;

5° La loi du 29 Décembre 1900 relative aux conditions du travail des femmes, employées dans les magasins, boutiques et autres locaux en dépendant.

Indépendamment de ces cinq lois, dont l'exécution est confiée spécialement au service de l'inspection du travail, il faut encore mentionner la loi du 22 février 1851, sur le contrat d'apprentissage, que les officiers de police ordinaire sont seuls chargés d'exécuter.

La loi du 9 Septembre 1848 n'est applicable que dans les « usines et manufactures ». Aux termes d'une circulaire ministérielle du 28 novembre 1885, les inspecteurs du travail doivent considérer comme « usines et manufactures » :

1° Tous les établissements à moteur mécanique ou à feu continu et leurs dépendances ;

2° Toute fabrique contenant plus de vingt ouvriers réunis en atelier.

En ce qui concerne les personnes, la loi de 1848 ne s'applique plus, depuis la loi du 2 Novembre 1892, qu'aux hommes adultes, c'est-à-dire âgés de plus de 18 ans.

La loi du 9 Septembre 1848 ne réglemente que la durée du travail. Celle-ci est fixée par l'article 1er § 1, à 12 heures. Des exceptions à cette limite sont prévues par l'article 2 de la loi ; Elles ont été déterminées par le décret du 17 Mai 1851.

La loi du 30 Mars 1900 a modifié la loi de 1848 en ce qui concerne les hommes adultes occupés dans les mêmes locaux que des femmes ou des enfants.

La loi du 2 Novembre 1892 réglemente le travail des enfants, des filles mineures et des femmes dans les usines, manufactures, mines, carrières, chantiers, ateliers et leurs dépendances, de quelque nature que ce soit.

Les principales dispositions de la loi portent sur les points suivants :

1° Age d'admission. — 2° Durée du travail et des repos. — 3° Travail de nuit. — 4° Repos hebdomadaire et repos des jours de fêtes légales. — 5° Travaux dangereux, insalubres ou immoraux. — 6° Moyens de surveillance, etc.

Loi du 30 Mars : 1900 est applicable à tous les établissements assujettis à la loi du 2 novembre 1892. Elle protège :

1° Les enfants de moins de 18 ans et les femmes ;

2° Les hommes adultes occupés dans les mêmes locaux que des enfants et des femmes.

La loi du 30 Mars 1900 réglemente :

1° La durée du travail dont la limite est fixée à 11 heures jusqu'au 30 Mars 1902, à 10 heures et demie jusqu'au 31 Mars 1904 et à 10 heures, à partir de cette date ;

2° Les repos. — Les hommes adultes étant protégés par la loi du 30 mars 1900, quand ils travaillent simultanément avec des femmes ou des enfants, les dispositions relatives aux repos leur sont applicables. (Arrêt de la Cour de Cassation, 26 Janvier 1901.)

Ne bénéficient des lois sur le travail qu'en ce qui concerne la limitation de la durée journalière du travail :

1° Les hommes adultes âgés de plus de 18 ans employés dans les « usines et manufactures » sans le concours de femmes ou d'enfants. La journée de ces ouvriers ne peut excéder 12 heures ;

2º Les hommes adultes employés dans les établissements visés par la loi de 1892 quand ils sont occupés dans les mêmes locaux que des femmes ou des enfants. Ces hommes adultes bénéficient dans ce cas de la protection de la loi du 30 Mars 1900.

***

Le 19 Décembre s'est tenu la dernière réunion générale de l'année, il est procédé à la nomination des membres du bureau pour l'année 1904 ; le nombre qui était de 16 est porté à 22 par suite de la progression du syndicat.

Puis tour à tour un membre des deux principaux syndicats qui ont formé l'unité vient annoncer que l'union étant un fait acquis par l'année qui vient de s'écouler et l'œuvre accomplie, le délai d'une année qui avait été prescrit étant échu, l'avoir de ces organisations dissoutes revient à la chambre syndicale actuelle et ils déclarent en faire la remise, tant espèces en caisses que matériel et bibliothèque.

Il est décidé que pour la conférence qui sera faite à l'occasion de la fête syndicale l'on sollicitera la présence du camarade Bourchet secrétaire de la Fédération de la métallurgie.

Il est présenté un projet de *dit programme minimum* du syndicat portant sur des questions économiques dont la solution est réalisable dans la société actuelle par les efforts combinés des organisations syndicales, fédérales et confédérales, et dont un petit commentaire a été fait sur chacune.

1º — *Liberté absolue d'association ;* cette liberté d'association édictée par la loi du 21 Mars 1884 n'est pas respectée ; elle est souvent faussée ou ridiculisée par le patronat, la justice et le gouvernement même, et il faut une grande force consciente pour la faire prévaloir.

2º — *La journée de huit heures ;* nous nous rallions à ce projet de huit heures qui nous semble applicable, pour bien montrer surtout que la journée de travail actuelle est trop longue et épuise le travailleur.

3º — *Le minimum de salaire ;* dans chaque localité par corporation l'on doit s'efforcer à amener la fixation d'un minimum de salaire qui permette de vivre, car il est honteux de voir certaines catégories d'ouvriers avec des salaires de famine.

4° — *La réelle suppression du marchandage et du travail aux pièces ;* ce mode de travail est exécré par les travailleurs conscients, il porte atteinte, par le surcroît de travail dont il est la raison d'être, à la santé des travailleurs, à leur sécurité, à leur avenir, à tous les exploités, entraînant chômage et misère.

5° — *A travail égal, salaire égal ;* en donnant des salaires inégaux pour le même travail accompli, soit par des femmes, jeunes gens, etc., le patronat crée des rivalités entre travailleurs et avilit les salaires à son profit.

6° — *Modification au système des adjudications ;* que les adjudications, soit des administrations publiques ou privées, stipulent des garanties aux travailleurs et non toujours spéculer sur leurs dos.

7° — *Compensation intégrale aux travailleurs lésés moralement ou physiquement :* Au point de vue physique, en matière d'accident : droit à une indemnité ou rente venant compenser intégralement le préjudice causé par suite de l'accident dont il est victime.

Au point de vue moral, on nous parle de la liberté du travail. Liberté du travail et Droit au travail, devrait être la même chose.

D'après le patronat et les soutiens du capital, la liberté du travail est tous les jours violée par les travailleurs revendiquant des améliorations, allant jusqu'à la grève : Prouvons que c'est tous les jours aussi que les capitalistes dénient au prolétariat tout entier, le droit au travail.

Quand des travailleurs chôment volontairement, ces messieurs crient à la liberté du travail : Mais quand on ne leur laisse faire à ces travailleurs que 3 ou 4 journées par semaine, que devient leur droit au travail.

Et les jeunes gens arrivés de la caserne depuis plusieurs mois, se sentant fort et aptes à travailler et qui n'ont pas encore trouvé d'ouvrage, il leur faut une permission de quelqu'un pour travailler, gagner leur vie, et ce quelqu'un peut à son gré, l'accorder ou la refuser. Liberté et Droit au travail sont-ils égaux ? Non. Franchement de quel côté sont les entraves apportées à la liberté du travail.

8° — *Suppression des bureaux de placements :* cette suppression s'impose, leurs agissements cyniques et arbitraires les condamnent au mépris.

9° — *La Retraite pour la vieillesse :* Puis enfin, cette grave question qui préoccupe tous les travailleurs, la retraite pour la vieillesse. L'orgueil de parasites, de parvenus et de satisfaits leur a fait dire : pourquoi le travailleur n'épargne-t-il pas quand il gagne de l'argent ?

Hélas, le plus souvent, l'ouvrier a été réduit à un salaire qui lui permettait à peine de se procurer le pain quotidien, il a été frappé durant sa vie par la maladie, le chômage, des catastrophes de famille, il a commencé à travailler dès l'adolescence, à douze ans peut-être, et pendant cinquante ans, il sue sang et eau pour arriver à ce terme fatal : l'impuissance. Allez-vous l'abandonner à lui-même ou à la voirie, alors que ses jambes et ses bras sont affaiblis, son corps épuisé et chancelant.

Nous pouvons le dire hautement, aucune raison ne peut dispenser la société de se porter à l'aide des malheureux qui succombent sous le poids des années, des infirmités et d'une destinée cruelle.

Le sacrifice que s'imposera la société, ne sera rien en raison du bien qui en résultera.

Après cet exposé que l'Assemblée approuve comme répondant bien à ses aspirations, le camarade qui présenta ce programme minimum, indique qu'il y a beaucoup à dire sur chacune des questions énumérées et que chacune d'elles peut faire le sujet de nos conférences du 1er samedi de chaque mois, cela fait donc un programme d'éducation tout tracé pour 1904, avec les sujets d'actualités qui surgiront durant l'année, l'on aura là une fertile moisson d'idées pour nos adhérents.

Etat Financier

Recettes du 1er janvier au 31 Décembre 1903

AVOIR. **4178,20**

Valeurs mobilières.	
Tables, bancs, chaises.	128,00
Accessoires diverses de bureau . .	40,00
1 vitrine archives, 1 bibliothèque .	60,00
Ouvrages en bibliothèque	700,00
Ameublement (Section de Désertines)	
Table, bancs, bibliothèque, etc . .	45,00

} = 973,00

5151,20

Dépenses du 1er janvier au 31 décembre 1903

. . . . . . **1708,65**

Tous les frais inévitables de constitution, livrets de syndiqués, frais de propagande, lettres et affiches de convocations, frais de réunions syndicales publiques,, frais de bureau, délégation au Congrès de la métallurgie, cotisations à la Bourse du Travail et à la Fédération de la métallurgie, secours, solidarité, bibliothèque, etc.

Recettes — 5151,20   Dépenses — 1708,65
Différence — 3442,55

AVOIR { Espèces — 2469,55 } = 3442,55
{ Matériel — 973,00 }

Toutes les fonctions de la Chambre Syndicale sont accomplies gratuitement par les titulaires qui les ont acceptées librement et s'en acquittent de bonne volonté.

De même les renseignements fournis en toute matière, ainsi que les services rendus par la Chambre Syndicale ou par son intermédiaire, sont également gratuits.

Au point de vue moral, lorsque le Bureau rendit compte des travaux pour l'année 1903, il exprima la satisfaction qu'il éprouvait à annoncer que la Chambre Syndicale avait été en progression continuelle, ce qui prouvait que son utilité était reconnue, et d'un simple regard en arrière, l'on pouvait constater qu'en 31 janvier 1903, outre les Syndicats ayant fusionné, un nouvel élément avait répondu à l'appel et constamment chaque mois, il y avait eu de nouvelles adhésions, notamment en Avril, Mai, Août et, surtout en Novembre et Décembre, car au 31 Décembre, le nombre des adhérents avait triplé celui de Janvier.

Cela est donc de bonne augure et est une preuve que notre Chambre Syndicale, organisation essentiellement ouvrière, vit, prospère et accomplit son œuvre avec l'initiative et

la force de ses éléments, mérite l'estime qu'on lui ac
inspire confiance et commande le respect.

Vu et approuvé par la Commission d'ét
et de propagande, le 20 janvier 190

(1) Les sommes reçues par souscriptions et collectes pour
grèves et solidarité, ne figurent ni en recettes, ni en
dépenses et viennent en plus.

UNION FÉDÉRALE
des
Ouvriers Métallurgistes de France

Siège Social
Bourse du Travail, 3, rue du Chateau-d'Eau, Paris.

— Aux Travailleurs !

Si vous voulez que votre situation ne soit point amoindrie,
si vous jugez que vous devez avoir votre part de bonheur
et de satisfaction :

Syndiquez-vous !

Si vous voulez vivre en homme conscient et non comme
la brute qu'on exploite sans pitié :

Syndiquez-vous !

Si vous estimez que les travailleurs doivent se tendre la
main et accomplir le grand devoir de solidarité :

Syndiquez-vous !

Si vous voulez assurer le pain des femmes et des enfants,
si vous voulez qu'un peu plus de bien-être pénètre dans le
foyer familial :

Syndiquez-vous !

Tout vous le commande, tout vous en fait un devoir.
C'est d'ailleurs également votre droit.

Camarades, frères de misère, vous tous qui, comme nous,
voulez assurer le morceau de pain si péniblement acquis,
vous tous qui rêvez d'une société faite de plus d'harmonie et
de plus de justice.

Syndiquez-vous ! Fédérez-vous !

L'Union Fédérale d vr rs t ll s es de France comptait 163
Chambres syndicales à re te au 31 Déce b 1903.

MONOGRAPHIE

DE

L'UNION FÉDÉRALE de la MÉTALLURGIE

L'Union Fédérale des ouvriers métallurgistes de France a été fondée en 1887. Son but est nettement défini par l'article fondamental suivant :

« Le but de l'Union Fédérale est d'arriver à constituer le travail libre, affranchi de toute exploitation capitaliste, par la socialisation des moyens de production au bénéfice exclusif des producteurs et collaborateurs des richesses nationales.

» A cet effet, l'Union Fédérale, par tous les moyens, recherchera l'entente entre les travailleurs de toutes les branches industrielles, commerciales et agricoles, pour mener en commun la propagande nécessaire au triomphe de cette idée.

» D'autre part, tant que durera le régime de l'exploitation patronale, l'Union Fédérale des Ouvriers métallurgistes de France interviendra en faveur de ses membres, moralement et matériellement, dans les cas indiqués par les articles concernant la caisse de résistance, dans la mesure du possible.

» La Fédération doit rester absolument sur le terrain économique, toute discussion politique ou religieuse est absolument défendue dans le sein du Comité Fédéral. »

La Fédération, en poursuivant le groupement de tous les Travailleurs Métallurgistes, en dehors de toute division de professions et de métiers, estime qu'à la concentration des forces capitalistes opérées par nos maîtres, il est utile d'opposer la concentration de toutes les forces de l'industrie des métaux.

A base essentiellement fédéraliste, l'Union Fédérale laisse aux Syndicats adhérents la plus complète autonomie. Adhérente à la Confédération Générale du Travail, elle tient dans le mouvement ouvrier une des premières places.

Par sa tactique, par l'aide apportée dans les conflits, par son journal mensuel, elle donne aux travailleurs métallurgistes le maximum de garantie que ceux-ci peuvent trouver dans une organisation centrale.

Aussi la prospérité de la Fédération va sans cesse grandissant. A l'heure actuelle, elle englobe cent cinquante syndicats éparpillés dans toutes les régions et dans tous les centres.

Travailleurs métallurgistes, lorsque vous aurez accompli le premier acte d'union ouvrière dans le Syndicat, votre devoir est de compléter votre œuvre en adhérant à l'Union Fédérale des Ouvriers Métallurgistes au siège social : Bourse du Travail, 3, rue du Château-d'Eau, Paris.

LA VOIX DU PEUPLE

Organe-hebdomadaire

DE LA

Confédération Générale du Travail

Tous les Travailleurs,

Tous les Syndiqués,

Tous les Militants

doivent lire, répandre et propager

LA VOIX DU PEUPLE

Organe de Défense Syndicale

ABONNEMENTS

Un an : 6 francs. —— 6 Mois : 3 francs.

Le Numéro 10 centimes

Adresser toutes communications concernant le journal à la Confédération du Travail, Bourse du Travail, 3, rue du Château-d'Eau, Paris.

www.ingramcontent.com/pod-product-compliance
Lightning Source LLC
Chambersburg PA
CBHW061318060726
47596CB00003B/965